赤いバラは散らない

［英国労働党の興亡］

谷藤悦史

Tanifuji Etsushi

一藝社

はじめに

世界的に政治の停滞が著しい。政治に突きつけられる多様な課題に、世界の政治は、有効で適切な解決策を提示できないでいるように見える。

繰り返し出現する政権は、目の前の政治課題に右往左往し、明示的な成果も上げられず、結果的に信任を失って地位を失う。政治は揺らぎ、ますます政治の問題解決能力を削減させる。進歩や発展の確信は希薄となり、後退、諦念、不安だけが拡大する。私達は、もはや希望に満ちた明るい未来を画策し、実現できないのであろうか。

世界の政治はこれまでに多くの危機に直面してきた。二〇世紀には二つの大戦があり、大きな破壊をもたらした。先人たちは、そこから立ち上がり、成長と繁栄を築き上げた。その基礎になったものが、述べるまでもなく、「福祉国家」の建設であった。

「福祉国家」のモデルは、英国労働党、スウェーデン社会民主党などヨーロッパ各国の民主社会主義政党に受容され、やがて独立を果たしたアジア諸国にも拡大し、二〇世紀中期の政治の原型となった。やがてそれは、「福祉国家」の黄昏《たそがれ》が叫ばれる中で修正され、二〇世紀後半には、新自由主義の政治実験が広く行われた。

九〇年代になって、その政治モデルも頓挫すると、「第三の道」や「活性化する政府」など、新自由主義以後を模索する試みがなされた。それらが、明示的な成果を上げたどうかの評価は難しいが、二一世紀に入って、それらを担った民主社会主義政党が次々と政権を去ると、一時の熱気は失われた。しかし、後継の自由主義政党も、新たな政治基軸を打ち出せずに低迷の状況にある。

その中で、再び政権の交代が起きつつある。今、私たちはそのような状況におかれている。新しい政治構想が、求められているのだ。かくして、私たちは歴史に帰る。

戦後政治の建設に大きな影響を与えた英国労働党に視点を据えて、それぞれの時代に、何が成功し、失敗したのかを、いかなる視点があり、いかなる視点が足りなかったかを確認することで、未来を模索する。新たな叡智を生み出し、それを紡《つむ》ぐために歴史に回帰することは、未来を模索するための基本的作業と考えるからである。

目次

装丁・地図作製　アトリエ・プラン

第1部

前進と挫折

1945〜1976

Clement Richard **Attlee**

Hugh Todd Naylor **Gaitskell**

James Harold **Wilson**

1章　アトリー政権の前進と五〇年代前半の内紛

大戦後初の選挙で勝利

第二次大戦直後の一九四五年七月にイギリスで行われた総選挙は、旧来の選挙人名簿で行われるなど、大きな制度変更もなく、全体として静かな選挙であった。

しかし、もたらされた結果は、**労働党**[1]が、三九三の議席を確保するなど劇的な変化をもたらすものであった。労働党の得票数は、四八％と圧倒的な勝利ではなかったが、いわゆる小選挙区制がもたらす歪みで六一・四％の議席をもたらし、過半数を一四六議席も上回ることになった。

選挙を前に、労働党は「未来を直視しよう」（Let Us Face the Future）と題した政党マニフェストーを掲げた。それは、主要産業の国有化と重要な社会立法の制定を約束するものであった。

しかし、それらが、勝利に大きく寄与したかどうかは定かではなかった。当時の選挙研究は、例えば、**保守党**[2]の**チェンバレン**[3]による**ミュンヘン協定**[4]がナチスの台頭という失敗を生んだこと、戦争による失業の増大など、大戦前の保守党の政策的失敗が、労働党の勝利に寄与したと指摘している。

　選挙は、さらに大きな変化ももたらしていた。労働党議員の中で、組合選出の議員は三分の一以下になっていた。議員の三分の二が、新人であった。中産階級出身の若い候補者が多く当選し、それらは、弁護士、ジャーナリスト、教師、医者など、専門職者であった。労働党は、かつてなく、あらゆる階級、あらゆる職業、あらゆる世代を代表する政党になっていた。労働党は、二〇世紀前半のような同質的な階級政党としての性格を、変えることになっていたのである。

　イギリスは、経済的に疲弊していた。アトリー政権は、それを克服する道を歩みはじめ、平等

クレメント・アトリー
（Attlee, Clement Richard
／1883～1967）　⇒p.76

---

1 労働党（Labour Party）▽一九〇六年結党。第一次大戦後の一九二四年、初めて政権を担い（自由党との連立）、二九～三五年も組閣（単独）。首相は、どちらも労働党党首R・マクドナルド（Ramsay MacDonald,James）。

2 保守党（Conservative Party）▽一七世紀のトーリー（Tory）党に起源を持つ。一八三〇年頃から「保守党」を名乗り、自由党（→八七ページ）と対抗しつつ、しばしば政権を掌握、一九～二〇世紀には帝国主義的な政策を主導。

3 チェンバレン（Chamberlain,Arthur Neville／一八六九～一九四〇）▽首相（在任一九三七～四〇）。著名な政治家一家の出身で、ナチス台頭期の保守党党首。父は一九世紀末の植民地相として帝国主義政策を推進。

4 ミュンヘン協定▽一九三八年九月、チェコスロバキアのズデーテン地方の、ドイツへの割譲を決めた協定。英・仏・伊・独の首脳がドイツのミュンヘンに集まり、ヒトラーがこれ以上、領土要求を行わないことを前提に、ドイツの要求を全面的に認めた（ドイツはズデーテン地方はドイツ系住民が多いことを口実とした）。

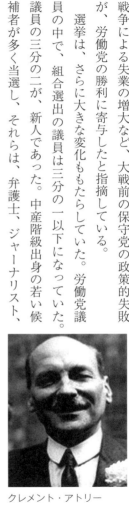

と正義の精神で、国家の再建に多くの資源を投入した。それらは、完全雇用を目標とした福祉国家の基礎となり、三〇年間にわたって持続することになった。

産業国有化を推し進める

改革の第一は、産業の国有化であった。国有化に関わる立法は、比較的順調に進んだ。英国銀行の国有化については、保守党からも反対が出されなかった。半官半民の国家石炭局の創設にも、生産性が低く非効率が明らかになっていた産業の国有化だけに、反対は出されなかった。一九四七年の英国運輸委員会の設立については、論争が生じた。収益の悪い鉄道や内航だけでなく、高い収益が見込まれる道路運輸事業が含まれていたからである。最終的にそれも実現され、英国道路サービス公社が誕生した。通信や航空に関わる公社の設立は、前政権ですでに決定していたので、それを引き継いだだけであった。電気とガスも、すでにほとんどが公的管理下におかれていたので、四八年に英国電気公社、四九年にガス審議会が設立されただけであった。

国有化で論争が起きたのは、鉄鋼産業であった。多様な産業が複合し、経営者も多岐にわたるために、どの程度国有化すべきか、どのような産業形態にするかについて多様な議論が交わされた。石炭業などと比較して高い収益を上げている鉄鋼業を国有化する必要性について、議論が交わされた。結果的に、鉄鋼業の国有化問題は、最後に回された。

アトリーは、鉄鋼業界の調査を命じ、国有化の代わりに、政府任命の管理局によって統制する案を取りまとめたが、閣内で一致をみなかったために放棄された。その間アトリーは、庶民院（下院）が通過した法案を、貴族院が二年間延期できる権限一年間に改める議会改革を行った。四九年、政府は、庶民院で、鉄鋼会社の資産を購入する法案を通過させた。続いて貴族院も、法案の実施を遅らせることを条件に承認した。

　労働党の国有化計画は、法的には全て実現した。それらが実現すると、およそ経済の二〇％が公的所有になるはずであった。問題は、国有化に関わる立法よりも、それを運用するための財源であった。四五年に、アメリカの友好国に対する武器貸与法による供与が終わると、膨大なドル借款の問題が協議の対象となった。英国の財源は急速に底を突き、四七年には為替危機が生じた。輸出拡大のための緊急計画が策定され、**クリプス卿**[5]が経済担当大臣として登用され、ダルトン財務大臣とともに、経済財政を取り仕切ることになった。

　ダルトンが予算案を新聞記者にリークした問題で辞任すると、国家経済を取り仕切るクリプスが、アトリー首相、E・ベヴィン外務大臣に次ぐ政治家となった。クリプスは、「緊縮」計画を策定、貿易収支の赤字を解消するために、消費抑制の税率のかさ上げや「賃金抑制」策を提示した。支

第2次世界大戦中、マハトマ・ガンジー（1869～1948）に協力を要請するクリプス卿。

5クリプス卿（Cripps, Sir Richard Stafford／一八八九－一九五二）▽男爵家出身、弁護士。労働党庶民院議員ながら、一九四〇年、チャーチル保守党政権で駐ソ大使となる。帰国後、航空機生産相。アトリー政権で商相、経済相、財務相を歴任し経済再建に尽力した。

持母体であった組合も、それを受け入れた。その背景には、クリプスが、戦時下で実施されていた再配分的な税制を存続させ、物価の上昇を巧みに統制したことにあるといわれている。

社会サービス、外交、防衛

多くの国民が歓迎したのは、社会サービスに関わる領域であった。義務教育は一五歳まで拡大され、大学への助成や奨学金も拡大された。ベヴァリッジが提起した社会保障に関わるさまざまな提案は、国民保険法の成立によって実現された。アナイリン（Aneurin）・ベヴァン保健大臣は、国民保健法を導入し、医療と薬の無料化を実現、病院も国有化された。A・ベヴァンは、地方自治体による賃貸の公営住宅の建設を進めたが、公約した二〇万戸の住宅は建設できなかった。

労働党内で議論が繰り返されたのは、外交と防衛であった。英国を含めてヨーロッパ諸国の経済的疲弊を自覚していた外務大臣のアーネスト（Ernest）・ベヴィンは、アメリカとの同盟を確立するために画策した。彼は、マーシャル・プランを進め、同時に、NATO（North Atlantic Treaty Organization［北大西洋条約機構］）体制の確立をめざした。

アメリカと同盟を組み、ロシアからの政治圧力に対抗して再軍備をするというE・ベヴィンの試みは、「社会主義」外交政策の放

[右]炭鉱労働者出身のA.ベヴァン（Bevan,Aneurin ／1897～1960）、[左]運輸労働者出身のE.ベヴィン（Bevin,Ernest ／1881～1951）

棄であるとして、多くの党員は受け入れなかった。彼らは、イギリスが資本主義と共産主義の間の第三勢力として独立し、あわよくば両世界の架け橋となるべきと考えていたからである。

Ｅ・ベヴィンの対抗勢力として、平和主義グループ、親共産主義グループ、「左派を保て」を標榜《ひょうぼう》する左派グループがあった。議会左派グループは、資本主義と共産主義の架け橋としての立場を追求し、左派主義の強い外交政策に転換することを求めた。経済的にアメリカへの依存を強めていたヨーロッパ諸国にとって、現実的な選択肢ではなかった。さらに、選挙民の多くは、反共産主義の傾向を強めてもいた。一九四七年の労働党大会で、Ｅ・ベヴィンは議会左派グループに対抗し、毅然として修正に応じることはなかった。この大会を契機に、左派グループの抵抗は止み、アメリカとの同盟が、労働党の既定の外交路線となった。

アトリー政権と組合

アトリー政権は、一九人の大臣からなるが、中心は、外交問題を取り仕切る外務大臣のＥ・ベヴィン、立法過程を統括する上院議長Ｈ・モリソン、ベヴァリッジに報告書を依頼し、それを実現する責任を負った**国璽尚書**《こくじしょうしょ》[6]のＡ・グリーンウッド、そして財務大臣のＨ・ダルトンとＳ・クリップスであった。外部勢力としての労働組合は、その内閣を安定的に支えた。当時の労働組合の指導

6 国璽尚書（Lord Keeper of the Privy Seal）▽イギリスの「国璽」（国の印璽）を管理する職。高位の官職だが、名誉職の色合いが濃い。

者が、それに貢献したのである。E・ベヴィンは外務大臣として、アトリー政権を支えた。左派色の強い運輸一般労働組合出身のE・ベヴィンが、アトリー政権に忠誠を尽くしたことが、組合からの支持の調達をもたらしたのである。アトリー政権の安定は、選挙での大勝にあったが、指導者がつくり出した党内の一致が、政権運営に重要であることを教えている。

支持母体の主要労働組合の重要ポストに共産主義者が浸透し、政策転換を図ることが懸念されていた。そうしたことは、新たに形成された「コミンフォルム」に呼応して、共産党がアトリーやE・ベヴィンを「帝国主義者」として攻撃を開始した時に明らかとなった。労働組合会議（TUC）は、傘下の組合に警告を発した。鉱山労働組合、電気組合、消防士組合などは、すでに共産党の支配下にあったが、党大会では大きな勢力とはならなかった。E・ベヴィンの政権への忠誠によって、多くの労働組合は、アトリー政権を支持し、賃金抑制策も受け入れたのである。

閣内や組合間に対立があったが、亀裂は拡大しなかった。さらにそれを表面化させない政治的努力もなされた。結果的に、政権は安定し、労働党は一九五〇年の選挙まで、議席も失うことがなかった。アトリーと彼を支えた指導者たちの巧みな政治運営が、それを実現したのであった。

アトリー政権が誕生してから五年が経過し、議会の任期が終わりを告げようとしていた。労働党は、四年間の政治業績に立って、それを維持することにした。新たなマニフェストー「労働党は英国を信頼する」は、次の国有化として、砂糖、セメント、水道だけを上げていた。政策の方向性はすでに決まっていて、新鮮味のないものであった。他方で国民の間には、「緊縮政策」や物不足や配給政策に、不満が拡大していた。こうした中で、一九五〇年の選挙を迎えたのであった。

圧倒的なアトリー政権の業績

多くの間違いや問題があったにもかかわらず、アトリー政権の業績は優れたものがある。特筆すべき業績は、社会領域にあるものの、経済的にも、戦後の繁栄の基礎を作り上げた。クリプスが、一九五二年以降の急速な経済の改善と成長の立役者であった。産業界への投資は急速に拡大し、輸出も拡大した。他方で、インフレは低く抑えられた。梃《てこ》になったのは福祉国家の試みであったが、産業の近代化、科学と技術の開発についても配慮された。アトリーが政権を去る時までに、英国は、航空機、化学など、高度技術を備えた多様な製造業を展開するようになっていた。それらは、貧困を減少させ、雇用を拡大し、生活の質を改善し、所得の平等な配分に向けて大きな改善をもたらした。

アトリー政権は、社会的支出の削減を求める財務省やシティの圧力に対抗した。経済学者や財務官僚は、給付と統制が需要と供給のバランスを歪めるという主張を繰り返していたが、それらが負の効果をもたらしたという事例は見られなかった。他方で、GNPには含まれない「幼児の死亡率」、「平均寿命」などは、改善をされつつあった。

後に党首・首相となるブレアを含めて、九〇年代の「新労働党」を模索した「現代化論者」(Moderniser) は、「旧労働党」が国有化に過度に固執したと非難する。しかし明白なことは、アトリー政権の国有化計画は、抑制的であったということである。同政権は、社会の財や地位の再配分の手段として、あるいはまた経済的近代化の手段として公共部門を利用することはしなかった。

同様に、多様なレトリックが行使されたにもかかわらず、産業に戦略的に介入することなどは、ほとんど行われなかった。事実、当時の経済政策に関与した官僚のケアーンクロスは、「経済の閣僚が、計画で意味していたことは、経済政策をつくる際に、将来的な見通しに基づいた一貫した立場を導入することでしかなかった」と述べている。したがって、一九四八年になって収支が改善し、モノ不足が緩和して経済が回復すると、政治統制は緩和されはじめたのである。

アトリー政権は、「介入と統制の効用は、戦時経済から平時の市場経済への秩序ある移行に限定されるべき」という経済顧問たちの見解を受け入れた。計画経済というレトリックを使いつつ、実際には、産業再編をもたらす統制を緩和した。「社会主義の定義を厳密に採用するなら、実際になされ、示唆された計画の多くは、社会主義とはいえないものであった」と、当時シュンペーターが指摘したという。

いずれにせよ、アトリー政権の業績は、それ以前の労働党と比較すれば圧倒的であった。経済は、戦時の疲弊から徐々に立ち直り、生産も投資も拡大し、生産性も改善した。対外収支は均衡化し、インフレ率は抑制され、雇用も改善され、福祉国家の基礎が形成された。その全てが、大戦で経済的にも財政的にも疲弊していた政府によって達成された。

先のケアーンクロスは、「一九四五年から見ても、今からこの時代を振り返ってみても、この時代は、政府がどこに向かうべきかを認識し、何が問題であるのかを理解して国を指導していた時であった」[7]と結論している。

しかし、社会に階級構造は頑固に残り続けていた。富の配分の大きな格差なども、影響を受けずに存在し続けた。財の不均衡な配分を排除するあるいは是正する真の努力は、必ずしも十分ではなかったのである。アトリー政権で確かに前進はしたが、生活を向上させるための資源へのアクセスや自己実現をなすための機会には、大きな格差があり続けた。次の政権に残された課題であった。

党内紛争で選挙民の支持を失う

一九五〇年代前半の労働党は、党内紛争に相次いで見舞われた。それが原因であるか結果であるかは別として、党内紛争が選挙民における支持の後退につながった。議会労働党は、四〇年代のように、地方組織や労働組合を含め、労働党全体をしっかり統合することができなくなっていった。

C・アトリーは、四〇年代と同様に、一九五五年の引退まで、大きな指導力を発揮していたが、五三年には七〇歳と高齢になっていた。議会労働党に大きな指導力を発揮していたアーネスト（Ernest）・ベヴィンは、五一年に逝去した。こうした中で、アナイリン（Aneurin）・ベヴァンに率いられ選挙区労働党に支持基盤があった左派が、活動を活発化し、労働党政治の新たな火

7　Alec Cairncross, *Years of Recovery: British Economic Policy 1945-51*. Methuen. 1985.

種となっていた。こうした動きには、朝鮮戦争の勃発に象徴される冷戦の開始という国際政治情勢が、陰に陽に影響を与えていた。それは、英国が、国際政治の場における影響力を衰退させ、他国の政治情勢、とりわけアメリカとソ連の政治に翻弄されざるを得なくなっているという現実に直面しているということでもあった。

当時、労働党大会における最終的な決定権力は、いくつかの主要労働組合の指導者の手中にあった。重要な人物は、Ｅ・ベヴィンを継承した運輸一般労働組合の書記長Ａ・ディーキン、彼の仲間である鉱山労働者組合のＷ・ローサー、一般市職員組合のＴ・ウイリアムソンであった。Ａ・ディーキンが死去すると、運輸一般労働組合の書記長職は、左派の闘士Ｆ・カズンに引き継がれた。それは、労働党ならびに党大会における右派の指導者の後退を意味していた。

Ｅ・ベヴィンとＡ・ディーキンは、党内においてカギとなる人物であり続けたが、カズンは不満分子以外のなにものでもなく、党大会を混乱に陥れた。結果的に、政党の運命を決する際にイニシアチブを取ろうとする左派の反乱分子の試みが、議会労働党の右派中心の積極的な指導を不可能にし、政党としての体面を保つだけの妥協に終始する政治事態をもたらした。

総選挙とベテラン議員の退場

一九五〇年二月に行われた総選挙では、労働党が四六・一％の票を獲得して三一五議席を確保した。保守党は、四三・五％の票で二九八議席であった。労働党は、過半数を六議席上回るだけであった。この状況は、労働党の政権運営を難しくするものであった。とりわけ対立や大きな論争を孕《はら》む問題について立法を試みることは、問題外であった。政権運営は、大臣や議員に大きなストレスを与えながら進められた。政務に多忙であるとか、病気であるとかにかかわらず、大臣や議員は、政権を守るために、あらゆる採決に駆り出されて出席し、党議拘束にかけられることを余儀なくされた。

政権運営の難しさは、与野党間の対立と調整よりも、政党内部の対立と混乱から生じていた。戦前戦後と労働党を担ってきたベテランの議員の何人かは、病におかされていた。E・ベヴィンとクリプスは病を理由に引退し、それぞれ五一年、五二年に死を迎えた。

クリプスが一九五〇年一〇月に財務大臣を辞した後、四四歳のH・ゲイツケルが後を継いだ。E・ベヴィンは、五一年三月に外務大臣を辞し、**H・モリソン**[8]が後を継いだ。首相のアトリーも、五一年に入院した。アトリーが入院すると、内閣はベテラン議員の影響力を失い、内部対立が始まった。朝鮮戦争の勃発に伴う再軍備費用の増加に直面して、ゲイツケルは、予算編成で、国民

ハーバート・モリソン
(Morrison, Herbert Stanley／1888～1965)

8 H・モリソン（Morrison, Herbert Stanley／一八八八～一九六五）▽アトリーのライバルの一人。一〇代前半から商店で働き、二〇代でロンドン労働党支部書記となり、一九二三年庶民院議員に初当選。二九年、初の労働党政権であるマクドナルド内閣で運輸相として入閣。三五年の党首選では、アトリーと争い敗北。第二次世界大戦中は供給相、内相を歴任。戦後はアトリー内閣で副首相兼枢密院議長、五一年に外相に就いた。

保健サービスで支給されていた義歯とめがねに一定額の支払いを求めることを決めた。この決定を巡って、五一年四月に、労働大臣であったA・べヴァン、通商局長官H・ウィルソン、供給省政務官J・フリーマンが、辞任した。労働党政権への支持は、それによってさらに後退した。

外交問題が続いた。イランとの石油を巡る対立である。イランは、石油の国有化をめざし、アングロ・イラン石油会社から英国人スタッフを追放した。大きな軍事力を欠いた状況で、強硬策は不可能であった。前任者のA・べヴァンと違って、モリソンは外交政策を巧みに行う政治的手腕を持たなかった。さらに、国民に巧みに説明することもできなかった。モリソンの外交対応のまずさが、労働党政権への支持の後退につながった。

さらに重要なのは、経済であった。朝鮮戦争の勃発に伴い、天然資源価格が上昇、輸送コストも上昇した。それが、インフレ圧力となり、経済を悪化させた。一九五〇年二月の段階で、公式な物価指標は一一三であったものが、五一年の一〇月には一二九と拡大していた。

選挙敗北、チャーチルの復活

この時点で、アトリーは、政権基盤を改善する希望もなく、ましてや強力な政権が可能になるという希望もなく、選挙を実施した。一九五〇年の選挙に続いて実施されたこの選挙は、実質的に労働党と保守党だけの対決であった。資金的にも時間的にも余裕のなかった自由党、地域政党、無所属には勝利の見込みはなかった。結果的に、候補者は減少した。

選挙の焦点は、経済と戦争になった。保守党はインフレを中心に経済に焦点を当て、労働党は、戦争の危険を訴えた。保守党によれば、ポンドの切り下げに至ったのは、労働党政権の経済政策の失敗ということになった。保守党の**A・イーデン**[9]は、チャートを使って、この問題をテレビでとり上げた。労働党は、それを世論操作だとして強硬に批判した。他方で労働党は、イラン問題に対する保守党の対応は、「戦争屋」的対応だとして批判した。労働党系のタブロイド紙「ディリー・ミラー」は、選挙当日の紙上で、「戦争の引き金を引くのは誰の手だ」と書き立てた。

不利な状況下で労働党は、労働党史上で最大の票、約一四〇〇万の票を獲得した。保守党は、労働党よりも約二五万票ほど少なかったが、小選挙という選挙制度の歪みによって、過半数を超える議席を確保した。議会は、保守党三二一議席、労働党二九五議席、自由党六議席、アイルランド諸政党三議席となり、保守党が過半数を一七議席上回った。わずか一・一％の票のスイングで、政権交代がもたらされたのである。六年を経て、政権は保守党に戻り、**W・チャーチル**[10]が政権を担った。

9　A・イーデン（Eden, Robert Anthony／一八九七～一九七七）▽準男爵家出身、のち伯爵。複数の内閣で外相や英連邦相を歴任。特に第三次チャーチル内閣では外相・英連邦相とともに副首相の要職にあった。戦後、チャーチルに継いで保守党内閣を率いたが、英連邦諸国の相次ぐ独立で苦境に立たされた。

10　W・チャーチル（Churchill,Winston Leonard Spencer-Churchil／一八七四～一九六五）▽祖父は公爵、母はアメリカ人。王立陸軍士官学校出身。一九世紀末から二〇世紀初頭の様々な植民地戦争に出征。最初、保守党に入党するも自由党に転じ、H・アスキス政権で通商相として初入閣。内相、植民地相、海相、続くロイド・ジョージ内閣で軍需相などを歴任。第一次大戦後に保守党に復党し、ボールドウィン内閣で蔵相、チェンバレン内閣で海相。第二次大戦中は、首相として対独、対日戦争を指揮。戦後、『第二次大戦回顧録』でノーベル文学賞を受賞。

労働党は負けたが、かなり満足して結果を受け入れた。政権運営に疲弊していた労働党にとって、保守党に小さな勝利しかもたらさなかった選挙結果は、悪くなかったからである。

この自己満足が、慢心につながった。その後労働党は、将来の選挙でどのようにして勝つかにほとんど関心を向けなかった。政権時に生じていた党内紛争が、党活動の中心となり、党員の多くのエネルギーがそれに費やされた。結果的に、中央においても地方においても、組織が疲弊して弱体化したのである。

長引く党内紛争

疲弊につながった代表的な対立は、左派と右派のそれであった。一九五二年三月、英国の再軍備を巡る議会論争で、少数派の「ベヴァナイト」と称されるベヴァン派と議会労働党との間に対立が生じた。アトリーたちは、防衛に対する政府動議に修正を提起する決定をしていたが、再軍備の動議自体には反対をしていなかった。五七人の労働党議員が、それに反対した。

彼らは、《五七人のベヴァナイト》と称された。そこには、労働党政権を辞したA（Aneurin）・ベヴァンと彼の仲間、さらに以前の「左派を保とう」集団が集っていた。一九四六年に決められた政党規律に関する条項が保留とされ実行に移されていなかったために、彼らの行為は、党追放などの深刻な事態を引き起こさなかった。それから一ヵ月も経たない内に、党は、議会労働党の決定で政党規律を導入した。

政党規律に違反すると党追放の憂き目にあうから、左派は議会内で自由に意見を展開した。議会労働党におけるベヴァン派は、労働組合推薦議員であるよりも、選挙区労働党から推薦された人々であった。専門職であり、多くはジャーナリストであった。M・フート、T・ドリバーグ、R・クロスマンなどは、自説を展開する機会を狙っていて、支持調達に長《た》けたコラムニストであった。労働党系の雑誌「トリビューン」は、彼らの機関誌的性格を持ち、雑誌「ニュー・ステーツマン」も実質的にそうであった。それらは、組合の人々には読まれていなかったが、選挙区の労働党支持者が好んで読んでいた。それ以上に、ベヴァン派の大きな資産は、ベヴァン自身の強力なパーソナリティと彼の例外的な弁舌であった。

議会外での最初の対立が、一九五二年の党大会であった。労働党執行会議における七つの選挙区労働党代表議席のうち、六議席がベヴァン派によって占められた。モリソンとダルトンが議席を失った。A・ディーキンが、労働組合会議（Trades Union Congress［TUC］）の代表として話をする機会が与えられた。ディーキンはこの機会をとらえて、《トリビューン・グループ》が続くなら対抗組織をつくると言って、同グループの解散を要求した。

これが、アトリーに影響を与えた。彼は一月後の議会労働党の集会で、公式的に認められた以外の全ての党内グループを放棄すること提案した。この提案は、欠席ないし棄権した五三人の議員を除いて、一八八対五一で認められた。しかし、翌月の議会労働党の役職者選挙で、副党首の職を巡って、モリソンの一九四票に対して、ベヴァンが八二票を獲得した。予想外であった。いずれにせよ、《トリビューン・グループ》の中で、ベヴァンだけが、「影の内閣」に選出された。

この時までに、アトリーは七〇歳になっていた。疲れを見せていた。後継の問題を、真剣に考えられなければならなかった。多くの点で、後継者として目されていたモリソンは、執行会議の議席を失う不名誉に遭っていた。右派の組合指導者、ディーキン、ローサー、ウィリアムソンたちは、党大会票の三分の一を確保できたのだが、一九四三年以降党財務を担当していた**グリーンウッド**[11]に代わって、モリソンがその地位に立候補するなら、支持を与えると表明した。

モリソンは、当初それを受諾したが、グリーンウッドに対する支持が党内で強いことを知ると、立候補を止め、副党首の地位を受け入れる妥協をはかった。モリソンは、機会を失ったわけではないが、この戦略で大きなダメージを受けることになった。

この時点で、党内の対立をさらに激化させる問題が生じた。ドイツの再軍備であった。これが、ベヴァン派にさらに力を与えた。チャーチル政権は、アメリカの圧力で再軍備を認めたが、野党としての労働党は困難に直面した。アトリーやモリソンを含めて議会労働党が、一一三対一〇四で再軍備を認めた。五四年四月になって、この問題が新たな展開となった。ベヴァンが、極東政策に対する党の方針に不満を表明、来る党大会でドイツの再軍備を認める党の決定を翻すキャンペーンの一環として、影の内閣を辞任した。このことは、迫っていた選挙で、党にダメージを与えるものであった。H・ウィルソンが、ベヴァンが退いた地位を埋めた。

アーサー・グリーンウッド
(Greenwood,Arthur ／
1880～1954)

五四年の党大会は、二つの重要問題があった。グリーンウッドの死によって空いた影の財務大臣を誰にするかという問題と、ドイツの再軍備問題である。副党首のモリソンは、影の財務大臣を引き継ぐことはなかった。組合の指導者たちは、ベヴァン派に対抗してゲイツケルを支持した。ゲイツケルは、労働者教育協会の講師として活躍していたこと、さらに影の燃料大臣であったことから、炭鉱労働者からも支持と尊敬を受けていた。A・ディーキンや右派の労働組合からも支持を得ていた。

結果的に、四〇〇万対二〇〇万で、ゲイツケルがベヴァンに勝利した。ドイツの再軍備問題は、容易ではなかった。この問題は、一般党員を刺激し、予想を超えた支持を左派に与えた。総選挙直前に行われたこの投票は、党を拘束し、アトリーとモリソンの政治指導を試すことにもなった。それらは、わずか二五万票の差で、認められた。最後の数分における森林労働者代表の支持とそれに続いた小さな組合の支持で、承認されたのであった。

二つの決定は、組合のブロック投票を嫌う人々、とりわけベヴァン派の人々やベヴァン自身も苛立たせることになった。ベヴァンは、政党を転換させるキャンペーンを続けること、労働組合に足場を築くことを決めた。党大会が終わる前に「トリビューン」が開催した会合で、自由に話す機会が与えられた。そこで彼は、ゲイツケルを「生気のない計算高い人物」として攻撃した。しかしながら、ゲイツケルの弁舌力は、その時までに改善されていた。彼は、党大会で、党の基

11グリーンウッド(Greenwood,Arthur／一八八〇～一九五四)▽アトリーのライバルの一人。リーズ大卒業後、ハダーズフィールド工科大などで教鞭を執った後、一九二二年庶民院議員に当選。マクドナルド内閣で保健省政務次官となり、二九～三一年には保健相。三五～四〇年副党首。三〇年代における有力党主候補だった。

本方針を苦も無く維持し、それを実現した。

総選挙が迫りつつあった。党の統一が必要であった。しかし一九五五年になっても、ベヴァンは、党の指導に従わない新たなキャンペーンを開始した。今度は、**良心条項**[12]が適応され、試される問題であった。水爆の製造と利用である。五五年の防衛白書で、水爆をつくる決定が、明らかにされた。ベヴァン派は、水爆の利用に明確な制限を与えないなら受け入れるべきではないと考えた。ベヴァン派は、白書を認める動議に対する労働党の修正案に不満を表明し、棄権することを決定した。結果的に、六二人の労働党議員が棄権した。

労働党の指導者にとっては恥ずべきことであったが、良心条項による棄権が認められることから、党規律違反ではなかった。ベヴァンは、論争の最中にアトリーの話を遮って、彼に質問するという罪を犯した。モリソンからの圧力で、影の内閣は、ベヴァンから院内総務の職を取り上げることを決定した。議会労働党は、それを一四一対一一二の多数で認めた。

ようやく党内休戦、保守党はチャーチルからイーデンへ

モリソンと労働組合の指導者は、ベヴァンを党から追放することに取り組みはじめた。特にA・ディーキンは、この目的を達成するために、全国執行会議のメンバーに積極的に働きかけをした。しかし、ベヴァンの考えには賛意を表明しないが、彼を追放することで党に大きなダメージを与えると考える多くの議員がいた。結局、全国執行会議で、妥協がアトリーによって提案さ

れ、一四対一三で認められた。ベヴァンは、一連の行為について謝罪した後、党員の資格を認められた。

アトリーによる対応が、この問題が深刻になることを阻止した。いつものように、アトリーは最後の瞬間まで、待ちの姿勢を保ち続けた。モリソンが述べるように、アトリーの指導は、「常にぐずぐず」だった。それが、アトリーをして長期政権にさせた理由でもあった。

この労働党執行会議が行われた二週間後、一九五五年四月、八〇歳のチャーチルが首相を辞任し、五七歳のイーデンが後を継いだ。イーデン保守党政権は、即座に総選挙を決定した。

世論の流れは、保守党に傾いていた。労働党は分裂していたし、経済は回復基調を見せていたからである。党内対立が、政権への道を遠ざけることをはっきりと明らかにした五〇年代前半の労働党であった。

アメリカの人気雑誌「LIFE」の表紙を飾った２人の《保守党》の首相。
[右]チャーチル（Churchill, Winston／1874～1965）、
[左]イーデン（Eden, Robert Anthony／1897～1977）

12良心条項▽「conscience clause」の訳語。信念、もしくは信仰する宗教に基づく、兵役拒否などをいう。一般市民の個人としての選択肢ではなく、政治家・政党活動家による「良心条項」に基づく棄権を認めるかどうかは、所属党によって異なる。

2章 やまぬ対立、負け続ける選挙

五五年選挙の敗北

一九五五年の選挙が開始された。労働党も保守党も、冷戦に対応して平和の必要性を訴え、主要国による会議の開催を提起していた。労働党は、四〇年代後半から進めてきた国有化政策に、鉄鋼、運輸のほか、化学、機械産業などの国有化を加えたが、選挙民からの大きな期待を確保できないでいた。選挙民の多くは無関心であった。

選挙にテレビが導入され、政治集会への参加は少なく熱気も欠いていた。たび重なる内部対立で、労働党の地方組織は錆つき、運動も非効率なものであった。選挙区の専従の選挙統括者は、五一年の二九六人から二二七人に減少していた。党内の対立が、組織のみならず活動においても深刻な影響を与え、政党そのものを衰退させたのである。他方で、保守党はこれまでと同様に高いパフォーマンスを示しているようであった。五五年に入って、世論調査は保守党の有利を常に明らかにしていたのである。

結果は明らかであった。保守党は、六三〇の議席中三四四議席と過半数を獲得し、一九五一年の過半数をわずか一七議席上回る状況から五九議席へと、大きく状況を改善した。労働党は二七七議席、自由党は六議席、北アイルランドの**シン・フェーン**[1]が二議席を獲得した。得票率は、保守党が四九・七％、労働党が四六・四％であった。保守党は、前回より一・七％上昇させ、労働党は二・四％減少させた。労働党から保守党へのいわゆるスイングは一・八％であったが、地域的な偏りが大きかった。高い失業率に見舞われていたスコットランドではスイング幅が小さく、経済が好調であったミッドランドでは、保守党へのスイングが拡大した。投票率が七六・七％と前回の選挙より六％近く減少したために、保守党も労働党も得票数を減少させたが、保守党の四〇万票減に対して、労働党は一二〇万票も減少していた。

労働党指導部は、選挙の敗北が、党内対立と政党組織の弱体によって動員力が衰退し、党員の多くが棄権したことにあると結論づけた。労働党全国執行会議は、H・ウィルソンを長とする下位委員会を発足させ、政党組織を調査して、一〇月の党大会までに調査結果を明らかにすることを命じた。この委員会は、党内部に統制が利かない事態が生じていることを明らかにした。

決定的なことは、ボランティアの運動員の不足であった。運動の多くは党専従の運動員によってなされ、既婚の女性も多く時間外の運動も強いられていた。専従の運動員の活動や資金の利用

1 シン・フェーン（Sinn Féin）▽アイルランド語で「われら自身」（We Ourselves）の意味。アイルランドの統一とイギリスからの独立をめざす地方政党。北アイルランド議会のほか、英国議会庶民院にも議席を持つ。

にも多くの過失があった。調査報告書は、全国幹部会の下に下位委員会を発足させ、組織活動の監督を提案した。とりわけ、将来接戦選挙区に対しては特別の支援をすること、地域組織への権限の移譲などを提案した。地域政党の強化と明確な戦略の構築が必要であったのである。

アトリーからゲイツケルへ

これらの問題は、一九五一年の選挙後にすでに指摘されていた問題であった。それらが、党の問題として自覚的に取り上げられなかった原因の一つは、労働党を率いていた当時の主要な指導者が高齢になり、現実的な政治問題に適切に対応することができなくなっていたことにあった。五五年の敗北は、戦後を担ってきた指導者が、若い世代に指導を委ねなければならないこと、そのために地位を辞さなければならないことをはっきりと自覚させることになった。アトリーの指導を長期化させた理由は、度重なる党内紛争を解決できる可能性を彼に見ていたからであった。しかし、五五年の選挙結果を前にして、アトリーが今後も指導を継続することはほぼ不可能となった。

選挙後に、新たな議会が収集された。アトリー政権の下で、財務大臣、都市計画大臣などを歴任したH・ダルトンは、彼自身ばかりでなく彼とともに政治を担ってきた人々が政治の世界から身を引く時が熟していることを認識していた。ダルトンは、彼の後継者であるH・ゲイツケルに指導を委ねることを望んでいた。彼は、アトリーに書簡を託し、高齢を理由に辞任すること、影の内閣の九人もが六五歳を超えていることを伝えた。

他方で、労働党を代表するものとしてのゲイツケルに対する評価はしだいに高まっていた。議員たちの間でのモリソンの最盛期がすでに終わったという想いと重なって、労働組合選出の議員の多くが、ゲイツケルの支持に向かうことになった。五五年末に、アトリーは党首を辞任した。党内の多くはゲイツケル支持に傾いていた。ゲイツケル一五七票、A・ベヴァン七〇票、モリソン四〇票という圧倒的な差で、ゲイツケルが党首に選出された。

モリソンは、党首選の結果を受けて副党首へ立候補することを辞退し、J・グリフィスとA・ベヴァンの間で副党首選が行われ、一四一対一一一で、中道派のグリフィスが選出された。グリフィスは高齢であったことから、近い将来副党首選が行われたなら、党内対立が生じない限り、A・ベヴァンが選出される可能性があることを示す選挙であった。党内対立の火種は消えていなかったのである。

もう一つの火種は、ゲイツケルの政治的立場であった。父親が官僚で、エリート・コースを歩んだゲイツケルは、イデオロギー的には、アトリーよりも右であった。それが、新たな対立を引き起こした。この状況下で、五六年の党大会が行われた。A・ベヴァンは、再び影の財務大臣に立候補し、選挙区労働党の支持のみならず、鉱山労働組合、国鉄労働組合の支持を得て当選した。それは、労働党の右派が一枚岩でなかったことを示すものであった。

ヒュー・ゲイツケル
(Gaitskell, Hugh T.N. ／ 1906～1963)　⇒p.78

スエズ危機への対応をめぐって

一九五六年一〇月一日に開催されたブラックプールでの党大会のほぼ三ヵ月前、エジプトのナセル大統領が、イギリスとフランスが共同所有していたスエズ運河会社の国有化を宣言した。スエズ危機の開始である。首相イーデンは、武力の行使を示唆する強硬路線を採用した。その後、スエズ運河を国際管理下に置く外交交渉が重ねられたが進展をせず、一〇月末にイスラエル軍がシナイ半島に上陸すると、エジプトの軍事施設に対する英・仏軍による空爆が開始された。

スエズ危機は、イーデン政権に致命的な打撃を与え、**マクミラン**[2]への政権交代につながった。他方で、それは、労働党にも影響をもたらしていた。イーデン政権の外交政策を巡って議会内外に論争が生じると、ゲイツケルとベヴァンは共同戦線を張り、労働党全国会議も、「戦争ではなく法を」のスローガンで大衆キャンペーンを立ち上げた。党内対立は止み、一体感が高まることになった。ゲイツケルは、ベヴァンを影の外務大臣に指名した。それも、党内対立の融和を印象づけた。一一月に停戦となり、五七年一月にイーデンが辞任すると、労働党内ばかりでなく選挙区でも一体感が高まっていた。五七年春の二つの補欠選挙で、労働党が保守党と自由党の議席を奪った。

イギリス国民の多くは、戦争に本当に反対であったのであろうか。意見は二分されていた。国民の間にも労働党支持者の間にも、愛国主義の感情が高まっていた。イーデン政権を崩壊させたものは、外交の不手際やスエズ危機によって生じた国家利益の喪失感や石油価格の高騰であったといわれる。スエズ危機は、イギリスにおける愛国主義的感情をかき立て、それに応えないイーデンへの苛立ちが、政権崩壊をもたらしたとみるのが正しいだろう。

マクミラン政権下での模索、五九年選挙

一九五七年一月に誕生したマクミラン保守党政権は、外交から内政に方向転換し、労働党との合意の上に成り立っていたいわゆる「**バッケリズム**」[3]路線、福祉政策の展開に回帰した。労働組合との融和を模索し、成長していた経済をさらに押し進めた。それが、世論の変化を生み出した。保守党政権への支持が回復したのである。

この変化に直面して、労働党は次の選挙への準備を進めた。その際に、五五年選挙の失敗が大きな教訓となった。党内対立を生み出さないために多様な試みがなされた。ベヴァンは、水爆の保有について党の多数派に従った。ベヴァンとウィルソンが影の内閣に入り、党の指導に反対する少数派の動きも鎮静化した。「社会主義への勝利」などの左派グループは存在していたが、ほとんど影響を持たなくなっていた。

---

2 マクミラン（Macmillan.Maurice Harold／一八九四～一九八六）▽第二次チャーチル内閣で住宅相として初入閣、イーデン内閣で外相、財務相を経て首相。伝統のある出版社経営一族の出身。

3「バッケリズム」(Butskellism) ▽保守党マクミラン内閣の財務相バトラー(R.A.Butler) と、労働党アトリー内閣で財務相を務めたゲイツケルの名からとった造語。政策の類似を評した英誌「エコノミスト」の命名という。

選挙組織も改善されつつあった。選挙区の選挙統括者が任命され、接戦選挙区に細心の注意が払われた。政策開発も試みられた。政府助成を梃《てこ》にした経済成長が模索され、もたらされた果実は社会サービスの資金にすることが明らかにされた。さらに、年金制度の改良や総合中等学校を中心とした教育制度の改革も提起された。保守党が民営化した鉄鋼と道路補修以外には、新たな産業の国有化は計画されなかった。

一九五九年に入って、マクミランは東西関係の改善に尽力し、首脳会談への道を開いた。それが、保守党への支持の回復につながった。消費が拡大し、それも政府への信頼に跳ね返った。保守党と鉄鋼連盟などを中心にした関連団体による長期の政治宣伝キャンペーンも、保守党への支持を拡大させることにつながった。世論調査は、五九年四月ごろに支持が拮抗していたが、それ以後は保守党への支持拡大を明らかにしていた。九月には、七ポイントも労働党をリードすることになった。これを受けて、マクミランは、一〇月の選挙に向けて、九月に議会を解散した。

労働党は、強力なキャンペーンを展開した。ゲイツケルの全国ツアーも、選挙民に彼の熱気を伝えていた。選挙に対するテレビの影響は高まりつつあったが、テレビの政党放送でも、労働党のそれは、保守党よりも好意的に見られていた。M・フィリップスによる党本部での記者ブリーフィングも好評で、新聞で多く取り上げられていた。選挙戦半ばで、労働党は保守党に追いついたとまでいわれた。その時であった。労働党は、「増税をしない」という提案を公表し、選挙民に訴えた。逆効果であった。選挙民は、この提案を買収行為と受け取ったのである。

この機に乗じて、保守党が労働党批判を展開した。世論は反転し、保守党への支持が回復して、選挙戦が終わった。結果は明白であった。投票率は七八%台に回復し、保守党は四九・四%の票を獲得して、三六五議席となった。労働党は、前回よりさらに得票を減退させて四三・八%、二五八議席となった。自由党は六議席のままであったが、得票は五・九%と倍増していた。

多数派と多数派との対立

三回連続して選挙で敗北したこと、それが五〇年代の労働党のまぎれもない現実であった。一九五九年の選挙における敗北は、それまで以上に自己検証を労働党に要求した。

多くの労働組合と強いつながりを持った労働党のあり方は、新しいイギリスにとっては、時代遅れであるのか。自由党に対する票の拡大を踏まえると、イギリスの左派勢力の統一を求めて、自由党との新たな連携を模索すべきなのか。選挙直後にブラックプールで行われた党大会で、ゲイツケルは、党綱領の改定に絞って党員に訴えた。彼は、労働党綱領第四条「生産、配分、交換の公的所有」の放棄を主張した。党内における激しい論争を経て、ゲイツケルは妥協を余儀なくされた。全国執行会議は、第四条を残したままで新たな原則を加えることを勧告し決定した。

党綱領の改定をめぐる対立と論争は、やがて労働党の防衛政策をめぐる大きな論争に飲み込まれてしまう。核兵器の一方的な放棄を求める核兵器廃絶キャンペーンが、党内で若い世代を中心に多くの賛同者を集めていた。ゲイツケルは、労働組合や党の指導者と協議し、一九六〇年夏に新たな防衛政策を発表した。その提案は、左派の平和主義者や共産主義信望者から、はたまた党首交代だけを求める日和見《ひよりみ》主義者に至るまで広範な反対に直面した。

反対派が大きな力を得たのは、労働組合のブロック投票の獲得に成功したことにある。少数派の左派グループに加え、運輸労働一般組合の指導者であるF・カズンが、同組合を反対に転換させたのであった。対立は、同年九月の労働組合会議と一〇月の労働党大会で、ピークとなった。労働組合会議では、ゲイツケルの公式提案が認められたが、運輸労働組合が対立したままでの決定であった。その奇妙な決定は、エンジニア労働組合指導者による妥協でもたらされていた。

一〇月にスカーボローで行われた党大会でも議論は続いた。ベヴァンは亡くなり、フィリップは病に伏していた。大きな支持を失ったゲイツケルは、激しく戦わなければならなかった。ゲイツケルと指導層は、劇的な論争を展開して、中間派の選挙区労働党の代表者達から多くの支持を獲得したが、防衛政策はごくわずかの票で否決された。ゲイツケルによる論争は、効果をもたらさなかったのである。各組合は、論争以前に態度を決定していて、ブロック投票が行われたからである。

労働党の歴史で先例のない事態が起きてしまった。防衛政策という主要な問題について、議会労働党の決定が、党大会で否決されたことだけではなかった。党大会の多数派と議会労働党の多数派との間に、対立を生むことになった。ゲイツケルは、議会労働党の多数派と選挙区労働党の多くから支持されているとして、決定を逆転させるために「繰り返し、繰り返し戦う」と宣言した。僅差であるが党大会で決定されたことに再挑戦することは、議会労働党の指導者としてありえるのかという問題も提起された。労働党の伝統にもなかったし、将来に禍根を残すことになりかねなかった。

一一月に新たな議会が開催され、ゲイツケルが党首に再選された。ゲイツケルが一六六票、多数派と妥協すべきと主張したウィルソンが八票であった。ゲイツケルを支持した**G・ブラウン**[4]が、ベヴァンを継いで副党首となった。他方で、左右両派の非難合戦が繰り返された。六〇年下半期の労働党は、労働党史上、最も疲弊していた。指導を巡る論争が繰り返され、主要な政治課題についての政策も決定されず、党綱領も制度疲労し、結果的に、党の威信が失われて信頼も低下した。議会では、自由党の新たな挑戦も開始されつつあった。労働党は、壊滅的な状況におかれるか再生にいたるか。まさに転機にあった。

六〇年秋、ゲイツケルは、一方的に核兵器を放棄するという党大会決定をできる限り早急に翻すことを決断した。彼は、冬から春にかけて国中をキャンペーンして、忍耐強く彼の立場を国民に説明した。議会労働党の幹部、労働党全国幹部会、労働組合会議では、一方的に核兵器を放棄する立場に反対を表明する人々が多数であった。三団体の代表が、新たな防衛政策に関する声明をつくるために集まり、「平和のための政策」が形成され、六一年に労働党傘下の労働組合並びに選挙区労働党に提示された。

組合や選挙区労働党のゲイツケル支持者も、行動を開始した。「民主社会主義へのキャンペーン」と称する団体が形成され、示威行為を求める「核兵器廃絶キャンペーン」と違って、カギとなる

4 G・ブラウン（Brown,George／一九一四～八五）▽運輸労働組合出身。一九四五年、庶民院議員に初当選。アトリー内閣で建設相。党首選でウイルソンに敗れるが、労働党が政権復帰後、経済問題相、外相などを歴任。

党活動家や組合の指導者との調整を図った。六二年の夏までに、小売・配送連合組合、エンジニア組合、鉄道員組合などが態度を翻した。核廃絶を求める人々は小数派になった。一〇月のブラックプールの党大会で、ゲイツケルの提案は三対一の多数で承認され、彼の立場は大きく改善されたのであった。

揺らぐマクミラン保守党政権

ゲイツケルの党大会での勝利は、労働党に対する信頼を回復させるためにも不可欠であったが、この回復には別の政治条件もあった。一九六一年七月、保守党の財務大臣S・ロイドが、イギリスの輸出が競争力を失いつつあることを理由に賃金抑制策を発表した。これは、公務員と政府系職員の賃金並びに俸給を凍結することに加え、雇用主に賃上げ抑制を勧告して、私企業にまで賃金抑制を拡大することを意味していた。批判が集中した。公務員や政府系職員は、教師を含め、生活費の上昇に不満であったし、私企業の賃金水準に遅れをとっていたからである。

その時、保守党政権は、共同市場へ参加をするかどうかの交渉を開始することを決定した。この決定は、既存の英連邦諸国体制を転換するのみならず、イギリスをヨーロッパ共同体へ組み込ませる可能性を持っていたことから、国内に激しい論争を引き起こした。とりわけ保守党内部では、多くの論争が交わされた。世論にも影響を与えずにおかなかった。

六一年の下半期の補欠選挙で、保守党はかなりの支持を失った。六二年三月になると、はっきりとした形になって現れた。自由党が、保守党の金城湯池であるオーピングトン（Orpington／ケント州、ロンドンシティの通勤圏）選挙区で保守党から議席を奪った。数ヵ月後、H・マクミラン首相は、財務大臣のS・ロイドを含めて主要大臣を更迭する内閣改造に踏み切った。改造は、政権の弱体化を示すなにものでもなかった。

EEC加盟論争と党内融和

イギリスの、EEC（European Economic Community［ヨーロッパ経済共同体］）加盟をめぐって、労働党内にも反対の声が湧き上がった。とりわけ左派が反対した。ゲイツケルも、反対を表明した。ゲイツケルに最も強い支持を与えた人々は驚きであった。一九六二年のブライトンでの党大会で、ゲイツケルは、多民族からなる英連邦諸国体制を維持し、ヨーロッパ共同市場への加入を「千年の歴史の終わり」と語る演説をして万雷の拍手を受けた。左派の不満分子F・カズンは、彼の組合がこの演説を百万部以上印刷するための資金を喜んで提供すると述べた。過去一〇年間党を悩ませた党内対立という傷が癒《いや》されはじめたかのようであった。

その回復は、保守党と労働党の防衛政策の違いが大きくなることで進んだ。保守党との対抗で、労働党の防衛政策が、核兵器の廃棄を求める人々にわずかながら適うようになった。核配備システムの技術問題が理由である。保守党は、独自で抑止力を確保するために、アメリカのミサイルを購入するという矛盾に陥った。他方で、労働党内の「核廃絶を求めるキャンペーン」は、戦闘的な集団である「一〇〇委員会」との対抗から運動に乱れが生じていた。

労働党への支持が拡大した最も大きな理由は、経済の低迷であった。六二年から六三年にかけての冬には、北アイルランドや北東イングランドを中心に失業が増大した。S・ロイド財務大臣の厳しい財政政策が、原因であるとみなされた。その年の冬には、厳しい寒さに見舞われ、失業率が悪化した。電力カットも続いた。政府が十分な発電所と電力供給を準備していなかったと非難された。この状況で、保守党の政策がヨーロッパ共同市場への加入であった。この試みも、六三年一月に、フランス大統領ド・ゴールが加入に拒否権を表明して潰えてしまった。

ゲイツケルの急逝、ウィルソンの台頭

この時に、ゲイツケルが感染症で死去した(一九六三年一月一八日)。権力と権威の極みに近づきつつあった五六歳の若さであった。彼の党内での長期にわたる戦いとその勝利は、党を超えて地位を高め、多くの人が将来の首相として考えていた。死の直後、彼に代わる人を探すことは困難であった。ゲイツケルに近い人々の中には、必要な能力と地位を備えている人はいなかった。副党首のG・ブラウンは、能力を備えてはいたが、立場が定まらず移り気で党首にふさわしくないと考えられていた。

ハロルド・ウィルソン
(Wilson, James Harold／1916~1995)　⇒p.80

幹部で有能な人物は、H・ウィルソンだが左派であった。アトリー政権で（三〇代で商務大臣となり）「幼い神童」といわれたウィルソンは、すでに経済の専門家のみならず、鋭利でウイットに富む政治家になっていた。裕福でない家庭に生まれたが奨学金と能力でトップの位置にまで昇った彼は、新しいイギリスの典型的人物であるとみなされた。

議会労働党の課題は、党首選択に当たって過去の対立をとるか未来の可能性をとるかであった。組合から強い意見は出されなかった。労働組合会議の新書記長G・ウッドコックは、党との強いつながりを望んでいなかった。大きな組合の書記長たちは見解が分かれた。最終的に、ウィルソンが、二人のライバル、G・ブラウン、ゲイツケル派のJ・キャラハンに投票で勝利した。第一回投票は、ウィルソン一一五票、ブラウン八八票、キャラハン四一票であったが、二回目の投票で、ブラウンが一〇三票、ウィルソンが一四四票を獲得して勝利した。

国民の間にはためらいがあったが、補欠選挙や世論にそれが現れなかった。ウィルソンは、政策の継続を強調して配慮した。次の選挙の政策は、マニフェスト「六〇年代の表示灯」に明示され、ブラックプールの党大会ですでに承認されていた。鉄鋼産業は、再国有化される予定であった。それらの政策を別にすれば、内容は、行財政対策による経済成長のための刺激策に集中していた。六三年のスカーボローの党大会で、ウィルソンは、六〇年代の亡霊を払うかのように、新しい科学技術時代における科学と教育の重要性を指摘する演説をした。この演説は、広く国民に強い印象を与えた。

六三年の夏から秋にかけて、保守党政権にいくつかの問題が続いた。七月、J・プロヒューモ陸軍大臣が、コールガールとの関係が明らかになって辞任した。この事件は、スパイ行為に対する安全保障体制に大きな疑問を投げかけた（同じコールガールがソ連の駐英大使館付海軍武官とも関係を持っていた）。一〇月になって、手術で体力が衰えたマクミランは辞任を余儀なくされた。それは、保守党内で彼の後継者を選ぶ長い闘争の始まりであった。

メディアでも国民の間でも、財務大臣、内務大臣を歴任したR・A・バトラーが後継者であると目されていた。最終的には、外務大臣の**ヒューム卿**[5]が、新たな首相として「浮上」した。彼は、多くの人から経済に明るくないと思われていた。この印象は、I・マロードが内閣に入ることを拒否したことで、また前の同僚閣僚をマロードが批判したことで増幅された。

しかし、保守党政権は、続く数か月で若干の支持の回復を見た。ヒューム卿は、庶民院やテレビで上手に立ち回った。雇用が拡大し、消費ブームが沸くにつれ、世論調査は六四年秋の総選挙で保守党が勝利することを指摘しはじめた。気まぐれな天候も、保守党に味方しているようであった。六三年から六四年にかけての冬は比較的温暖で、続く夏も穏やかであった。唯一の阻害要因は、輸出が目標値に達しなかったことであった。これが対外収支の赤字を拡大させた。

任期満了後の一〇月の選挙では、保守党と労働党の支持率が拮抗していた。労働党は、保守党S・ロイドの抑制的な経済政策で有利な状況にあった。保守党は、雇用の拡大と生活水準の上昇を訴えて、労働党の政策がこれを破壊すると指摘した。自由党は政党公認候補者を拡大し、新たな挑戦を試みたが、保守労働両党は全くの無視を決め込んだ。労働党が放棄した「英国の一方的な核抑止」問題は、選挙キャンペーンに影響しなかった。

六四年の選挙結果は、保守労働両党に対する支持が拮抗していることを如実に示し、労働党三一七議席、保守党三〇四議席（議長の一議席を含む）、自由党九議席であった。五〇年の総選挙以上に、僅差の白熱した選挙であった。五六議席を増大させた労働党は、過半数を四議席上回るだけであった。選挙民は、どっちつかずのはっきりしない声を上げたが、選挙におけるウィルソンの個人的な貢献は疑う余地がなかった。ウィルソンは、党首に注目させることで選挙戦を展開し、結果的に選挙で成功を収めた人物として浮上することになった。国民は、前首相よりも良くなるのではないかという期待を持つことになったのである。

ウィルソン政権と初期の試み

総選挙が終わると、ウィルソンは時間を待たずに組閣した。G・ブラウンは副首相となり、財務省から独立させ経済計画を担う経済問題相を兼ねた。J・キャラハンが財務大臣、P・G・ウォーカーが外務大臣、D・ヒーリーが防衛大臣に任命された。議会労働党以外からは、運輸労働者組合書記長のF・カズンが科学技術大臣を、有能と目されていた法廷弁護士であり法改革論者であるガーディナー卿が大法官になった。カズンのほかに、左派グループの二人、A・グリーンウッド

5 ヒューム卿（Alexander Frederick Douglas-Home／一九〇三〜九五）▽スコットランド名門貴族の出身ながら、首相就任に当たり伯爵位を返上。その後、一代限りの男爵に叙される。マクミラン内閣のみならず、後のヒース保守党内閣でも外相、英連邦相を務めた。

が植民地省の、**B・キャッスル**[6]（唯一の女性閣僚）が新設の海外開発省の大臣として閣内に入った。内閣は二三人からなり、全てのメンバーより四八歳のウィルソンが若かった。ウィルソンは、以前のいずれの首相よりも若かった。**ローズベリー卿**[7]以来のことであった。

新政権の成功の見込みは、高いものではなかった。過半数もない中で法を通過させることが困難であることは、五〇年代の政治経験から明らかであったからである。選挙民からの安定的な支持もなかった。選挙での勝利は、労働党支持者が五九年の総選挙よりも低下していたことを明らかにしていた。選挙民は保守党政権に飽きていたが、それが労働党に向かわず自由党に向かうか棄権となった。自由党の影響は、候補者五四人が選挙区で二位となり打ち消された。新大臣達は、経済危機が現実のものになりつつあることを認識した。その年には、貿易収支が八億ポンドの赤字になることが予測され、緊急対策がなければ、壊滅的なポンド切り下げが不可避であった。

労働党の指導者とりわけ首相自身が、前世代よりも経済問題に対処できると思われていた。彼らは、ポンド切り下げに対抗して、輸入に付加税を課してポンドを防衛しようとした。海外からは不評な策であったが、この対策で当面の危機は克服された。政府は、公定歩合を七％にして、貿易収支を改善する長期対策を策定する作業を開始した。経済問題省は、経済成長計画を準備し、物価と所得政策について労使間の協定を確保することを試みた。科学技術省は、産業に新しい経営法を導入して、機械やコンピュータなどの製造業の開発を試みた。財務省は、国有化産業を含めて、公共支出の抑制を試みた。

政権当初、経済危機への関心から、大臣は、国民との関係に十分な関心を払わなかった。年金、疾病、雇用給付の増加という選挙公約は、財政上難しいとの理由でクリスマスまで延期された。他方で、議員報酬の増額が即座に実施された。国民に不評であった。そうしたことは、労働党の安定選挙区であったリートン選挙区での補欠選挙で、再選をめざした外務大臣のG・ウォーカーが落選したことにも現れた。ウォーカーは外務大臣を辞して、M・ステュアートに代わった。ウィルソン政権の過半数超えは三議席となり、政権運営が一層厳しくなった。

危機に直面しても、ウィルソンはためらわなかった。必要な緊急対策の決定に歩を進めた。防衛政策の見直しが開始され、新たな航空機に関わる計画が、航空機産業とその労働者からの反対にもかかわらず放棄された。G・ブラウン経済問題大臣は、一二月になり、物価ならびに賃金の抑制策について労使から合意を確保した。四月に「物価賃金全国委員会（NBPI）」が設立され、物価と賃金要求について考察させ報告することを命じた。法的な権限はなかったが、後に物価と賃金の上昇幅を先行して通告することを義務づけることが法的に決められた。キャラハン財務大臣の予算では、資本利得税と法人税を導入した。議会における議席の拮抗状況にもかかわらず、複雑な予算法案は審議過程を進んだ。鉄鋼の国有化は試みられなかったが、政府保有を認める白書が五月に承認された。

---

6 B・キャッスル（Castle, Barbara Anne／一九一〇～二〇〇二）▽一九四五年から四〇年近く庶民院議員に当選。海外開発相、雇用相、社会保障相などを歴任。六八年、雇用相時代に女性労働者の賃上げ要求ストライキを支持し、七〇年、性による賃金格差を排除する同一賃金法成立に尽力。元祖「鉄の女（Iron Lady）」といわれる。

7 ローズベリー卿（Rosebery, Archibald Philip Primrose／一八四七～一九二九）▽伯爵家の出身。自由党W・グラッドストン内閣で外相を務め、一八九四年に四七歳で首相となるが（在任中、日本では日清戦争開戦）、議会をまとめきれず。翌年辞任。次代は保守党ソールズベリー卿内閣（日英同盟を締結）。

労働党には、三つの論争があった。第一は移民問題である。一九六〇年代になって英連邦諸国からの移民が増大していた。選挙前も期間中も、労働党は英連邦諸国からの移民を制限する保守党の政策を批判していた。ミッドランドのような移民が多い地域で、選挙民の労働党支持が減少していた。ミッドランドのセムスウィック選挙区でのG・ウォーカーの敗北も、これに起因していた。ウィルソン政権が、移民制限を決定するのに多くの時間は要しなかった。決定には、英国にすでに移民している人々に対する差別を禁止する提案が付された。それでも、自由な移民を認める原則を放棄することに多くの論争が生じた。

第二は、外交政策とりわけベトナム戦争を巡る論争であった。アメリカの南ベトナムへの介入は増大し、爆撃機による空襲は南北ベトナムおよび中国国境に近づきつつあった。党員の一部は、ウィルソンがアメリカに与えた外交的支持に反対していた。外務大臣のM・ステュアートは、北ベトナム政府が交渉に参加しないことを理由に、英国政府の外交政策を弁護した。

第三は、ブラウン経済問題大臣の賃金政策とりわけ賃上げを事前通告する提案であった。労働組合の指導者、特に運輸労働組合を中心とした少数派が反対を表明した。同組合は、F・カズンが閣内にあり、副書記局長の左派H・ニコラスに率いられていた。カズンは彼の組合に同情的であったが激しい対立とはならなかった。左派の代表と目されていたカズン、グリーンウッド、キャッスルなどが閣内にいるという理由で沈黙し、六五年の党大会では全ての政府案が支持された。

九月の党大会後、関心は**ローデシア独立問題**[8]に移った。アフリカ人多数派による権力掌握が現実となり、ローデシアの白人少数派の権利が不安定化することになった。立憲体制を決める交渉がなされたが両者に受け入れられなかった。一一月に、ウィルソンはローデシアの首都ソールズベリーを訪問したが、ローデシア首相のI・スミスが独立宣言をした。イギリス政府は、ローデシア統治の継続のために武力を行使することを放棄し、経済制裁を実施するとともに、加えて国連や他の外交ルートを通じて国際社会からの協力を確保しようとした。

　ローデシア問題は困難を極めたが、労働党政権の信頼の回復に寄与した。ウィルソンの政策は、前の保守党政権が進めた政策と大きな違いはなかったが、結果的に、保守党の影の内閣からも積極的ではないものの支持を得たのである。保守党内部には、ソールズベリー卿に率いられた強硬な反対論者がいた。彼らは、I・スミスに同情的であらゆる制裁措置に反対した。

　ヒューム卿は保守党党首を引退し、後継者の**E・ヒース**[9]は、権威を発揮できなかった。野党保守党のおかげで、政府は六五年の終わり頃に支持を回復させた。失業を抑え、インフレ圧力を払拭したキャラハンの財政政策も寄与した。その年の終わりには、世論調査で労働党のリードが明らかになった。春の補欠選挙で、労働党は得票も増加させた。解散が噂されはじめた。三月になって、政府は、安定的な多数を持った政府を必要とすると宣言して議会を解散した。

8ローデシア独立問題▽ローデシアは一九世紀の植民地相C・ローズに由来。第二次大戦後のアフリカ諸国の自立的な独立機運に逆らい一九六五年、白人支配による一方的な独立を宣言。反発した勢力に中ソが援助、政府軍も欧米から傭兵を集め闘争が激化（ローデシア紛争）。七九年に終結、八〇年、ジンバブエ共和国として独立。

9E・ヒース（Heath, Edward Richard George／一九一六～二〇〇五）▽マクミラン内閣で労働相。ヒューム辞任後に党首。総選挙後に首相。EC（ヨーロッパ共同体）加盟に尽力。労働党首ウイルソンと同年生まれで、二人ともオックスフォード大卒ながら庶民階層の出身（ヒースの父は大工、ウイルソンの父は薬剤師）。

3章 ウィルソンの光と陰

六六年選挙は得票数下げながらも勝利

一九六六年の総選挙キャンペーンは新鮮でなかった。古い政策のいくつかは放棄されるか修正されたが、新たな政策は提示されなかったからである。

ウィルソンは、決意ある穏やかな指導者、ないし「実務家」としてのイメージを強調した。労働党のスローガンは、「皆さんは、労働党政府は機能していることを知っている」であった。労働党系の「ニューステーツマン」誌は、理念無き不毛として、ヒースかウィルソンかというつまらない選択でしかないと不平を述べていた。しかしながら、選挙結果はウィルソンの試みを認めるものであった。

ウィルソン(Wilson, James Harold)の伝記《Optimist in a Raincoat》

⇒p.80

Thomas Hennessey, The History Press, 2013.

投票は、労働党に二・七％スイングし、労働党三六三議席、保守党二五三議席、自由党一二議席、アイルランドの政党一議席となった。議長のH・キング博士を別にして、労働党は過半数を九六議席上回った。しかし、得票率こそ四七・九％であったが、得票数そのものは以前より少なくなっていた。躍進が期待されていた自由党は、議席を確保したが結果は失望させるものであった。

ウィルソン政権の経済政策

一九六六年の総選挙は、労働党に絶対多数を与え、政権は指導力を発揮できる状態となった。しかし、首相の権威は高まったものの、労働党の人気は高まらなかった。

理由は、経済政策の失敗にあった。ウィルソン首相とキャラハン財務大臣は、ポンド下落を回避する戦いを開始した。同時に、批判してきた保守党の**「ストップ・ゴー」政策**[1]を回避しようとした。六六年予算は減税を行わなかった。主な改革は、サービス産業から輸出産業に配置転換をねらった選択的雇用税の導入であった。デフレ効果があるため、数ヵ月延期される可能性があった。ポンドに対する圧力も増大していた。五月と六月に、長期間の海員ストが続いたからである。

1 「ストップ・ゴー」政策（stop-go）▽インフレが収まるまで総需要を抑制する施策を進めて景気拡大をとどめる（ストップ）ことと、総需要を抑制する政策を解除して経済活動を活発化させる（ゴー）ことを、繰り返す経済政策。

七月になって、政府はポンド切り下げを議論した。副首相で経済問題大臣のG・ブラウンは賛成したが、首相は反対して、多くの大臣が首相に従った。代わりに、賃金・物価の凍結、休日に海外で過ごす際の外貨量の制限、煙草・ワイン・スピリッツに対する増税が実施された。社会サービスの支出削減はなかったものの、「ストップ・ゴー」政策の再現であった。G・ブラウンは、経済問題省による経済成長の試みが失敗したことを悟った。彼は、政権から外れようとしたが、留まるように促され、八月になりM・ステュアート外務大臣と任を変えた。

労働組合は、賃金凍結で病んでいた。賃金凍結は半年続き、さらに半年「厳しい抑制」が続いた。政府は、組合が自発的に凍結を守ることを期待していたが、トラブルに直面して八月に急遽通過させた物価・所得法で強制力を確保した。組合の指導者達、とりわけ七月に内閣を辞任したカズンが政府の対策に不満を表明し、強制力を実施する期間に挑戦した。秋の労働党大会で、法に対する批判は組合代表者の間で高まったが、ウィルソンは、譲る意図はないと表明した。彼は、「政府は全体としての国民の利益にかなうように最終的な決定をしなければならない」と宣言した。首相の力は、六六年の段階では、大会の敗北を阻止する程に強力であった。

六六年から六七年の冬になって、一から一・五という失業率が、二から二・五という高い失業率に上がったが、七月の対策がポンド力の回復となって現れた。六七年に利率は引き下げられ、収支が黒字になった。賃金抑制の時代は夏になり終わりつつあったが、政府は賃金上昇を遅らせる権限を保有し続けると述べて、支持者をがっかりさせた。

六月のイスラエルとアラブ諸国との**六日間戦争**[2]と、**ナイジェリア内戦**[3]は、石油と船舶課税でイギリスの不安定な収支均衡を安定化させた。秋までに、利率を再び上げることが必要となり、ポンドへの信頼が揺らぎ始めた。一一月になって、ポンドを二・八〇ドルから二・四〇ドルに下げる決定がなされた。

六六年七月の対策がG・ブラウン経済問題大臣の敗北とみられ、ポンド引き下げはキャラハン財務大臣の失敗と見なされた。この結果キャラハンは、**R・ジェンキンス**[4]内務大臣と任を替えた。ポンド引き下げは、ポンドの改善や輸出産業に即自的な効果をもたらすと期待された。同時に、対外支出を増加させ、急速なインフレをもたらす傾向を持っていた。経済を守るために、政府は軍隊をスエズ以東から撤退させ、アメリカへの軍用機の注文をキャンセルして軍需費の削減を余儀なくした。インフレ対策は、一般党員にとって心地よいものではなかった。

負担は国民健康保険にも及び、歯科医療負担は五割近く増加した。中学校での無料の牛乳支給も止められた。一五歳から一六歳への義務教育年齢の引き上げは、七一年から七三年に延期された。

---

2 六日間戦争（Six Day War）▽第三次中東戦争。一九六七年六月、イスラエル軍は、①エジプト領シナイ半島を空襲してスエズ運河にまで進撃、②シリア領ゴラン高原を占領、③ヨルダン領ヨルダン川西岸地域と東イェルサレムを占領。イスラエルは侵攻後六日で国連の調停を受け入れ停戦に合意。パレスチナ難民を生んだ。

3 ナイジェリア内戦（ビアフラ戦争）▽ナイジェリアはアフリカ屈指の人口と複雑な人種構成をもつ英連邦の国。六七年に東部州が「ビアフラ共和国」として分離独立を宣言し内戦が勃発。欧米各国それぞれの利害がからみ戦闘が激化、さらにビアフラは内陸のため、包囲戦によって多くの飢餓難民を出すことになった。七〇年に終息。

4 R・ジェンキンス（Jenkins,Roy Harris／一九二〇～二〇〇三）▽四八年庶民院議員に初当選。有力なゲイツケル派の若手として頭角を現し、ゲイツケル没後の六五年、四〇代で内相。七六年党首選に敗北後、欧州委員会委員長を経て離党。八一年に社会民主党を結成し、同党の自由党との連合（自由民主党）後も影響力を持ち続けた。

住宅や道路建設計画も削減された。国璽尚書《こくじしょうしょ》（→一三ページ）ロングフォード卿は、この対策に抗議して政府を離れた。数ヵ月後、G・ブラウンが継いだが、首相との些細な不一致で辞任となった。経済問題省は縮小されて、六九年に廃止された。六八年三月のR・ジェンキンス財務大臣の初予算では、間接税がさらに増大した。彼の政策は、自らが評したように「二年間の苦闘」を強いる厳しい予算であった。人々の苛立ちは、三つの補欠選挙に表れた。六六年の選挙で一万以上の安定多数を持っていたウースター州ダドリー選挙区で、労働党は保守党に負けた。

労働党内の混乱の一部は、賃金統制を主張し続ける政府の強硬策にあった。このために、新たな法案が庶民院に導入された。賃金上昇に三・五％のシーリングが設定され、政府が一年間物価か賃金の上昇のいずれかを遅らせる権限を保有するものであった。法案の第二読会の採決が五月に行われるに際して、労働党議員の多くが棄権して絶対多数は三五までに落ちた。

六月、長い間労働大臣であった組合出身のR・グンターが政府を離れた。知識人が過剰な内閣で政策が決定されていることに不満を表明した。五月には、多くの**ボロー**（**バラ**）[5]の選挙や補欠選挙で負けるなど敗北が続いた。スコットランドやウエールズでは、投票の多くが地域政党に流れた。イングランドでは、多くの棄権が生まれた。秋の労働党大会は、五対一の大差で政府が賃金についての法的権限を保有することを批判する決定をした。

ポンド引き下げは、ゆっくりだが輸出拡大を刺激した。貿易収支は、六八年を通じて赤字のま

R・ジェンキンス（Jenkins,Roy／1920〜2003）の伝記《A Retrospective》

Andrew Adonis, Keith Thomas, eds., Oxford University Press, 2004.

まであった。一一月のフランス・フランの切り下げは、ポンドに新たな圧力となった。消費支出が再びカットされなければならなかった。消費税の増税と輸入業者が輸入したもののコストの半分を税関に預ける計画であった。六九年の予算で、R・ジェンキンスは税負担を下げなかった。逆に増税となった。法人税などが引き上げられた。賃金の法的統制が物価賃金法の期間を超えて維持されないことは明らかであった。幸いに、その時までに、ポンド引き下げの効果が現れはじめ貿易収支が黒字へと転換しはじめた。

ウィルソン政権の労働政策

党内では、政府が労働争議に法的な制裁を導入する試みに揺れ動いていた。一九六九年一月に発表した「不和の場」と題する白書で、「雇用生産性省」と改名した労働省が、ストライキが行われる前に一ヵ月の調停期間を課して、組合のメンバーによる投票を求める提案を行った。この提案は、労働組合に関する王立委員会の報告書、いわゆる**「ドノバン報告」**[6]の勧告を超えるもの

5ボロー（バラ）▽「borough」。歴史的な行政区画のひとつ。一九世紀にイギリスのボローは地方自治区となり、選挙で選ばれた議員により統治された。だが、一九七二年以降、大ロンドン外のボローは廃止された。

6「ドノバン報告」（Donovan Commission）▽正式には「Royal Commission on Trade Unions and Employers' Associations」（労働組合及び使用者団体についての王立委員会の報告書）。一九六八年、ドノバン卿（Terence Donovan, Baron Donovan）を議長とし、多くの研究者が全英の使用者団体、労働組合から証言を集めた網羅的な内容。伝統的な労使関係を認めつつ、変化に対応した改善を求めた。

であった。世論は提案に賛成であった。労働組合の指導者は激しく反対した。とりわけ左派の組合の指導者、運輸組合の書記長でカズンを継いだJ・ジョウンズや、エンジニア組合の指導者W・キャロンを継いだH・スキャンロンが、そうであった。

左派は、運動者の広範な支持に支えられ、ドノバン報告に貢献したオックスフォード学派の専門家によって理論武装もしていた。彼らは、労働者自身が決定したなら、ストライキを阻止する法的権限はないと主張した。特別に招集された労働組合会議は、圧倒的多数で政府提案を否決した。さらに、議会労働党内部でも、左派の反乱分子ばかりでなく、党の決定に忠実な議員も反対した。院内総務R・メリッシュが、法案を審議することの危険を報告すると、首相と雇用生産性大臣のB・キャッスルは断念を余儀なくした。労働組合会議との会合で、彼らは、労働組合会議が非公式のストライキを阻止または停止できることを約束し、法案に盛り込まれた刑事罰に関わる条項を取り下げたのであった。

ウィルソン政権の社会政策

経済対応のために、社会改良計画を遂行する機会は厳しく制限された。しかしこの分野でも、既存の政策の拡張や進展もみられた。一九六六年のマニフェストーで、労働党は、六九年から七〇年にかけて年間五〇万の住宅建設を掲げていた。この目標は、六〇年から六三年にかけて保守党が掲げた三一万よりも上回っていた。六六年から六九年にかけて、建設は平均で四〇万件を上回り、公営住宅の割合は四二％から五〇％になった。長期間借家住まいの人に住宅を保有させる借地権改革法が、六七年に導入された。建設用地の確保と土地価格の高騰を阻止する土地委員会が設立されたが、成功を見なかった。

教育支出は、ＧＤＰと同じように、六四年の四・八％から六八年の五・九％に拡大した。訓練中の教師は、六四年から六七年に三分の一以上増加した。一六歳を超えて学校に留まる生徒数も増加した。通常の年齢時に機会を逃した人々に大学教育を提供する放送大学、後のオープン・ユニヴァシティの設立が決定された。芸術振興大臣のＪ・リーとスポーツ振興大臣のＤ・ハウエルによって政府支出も拡大された。

社会保障の分野でも変化があった。国家助成局が年金国民保険省と合同して、社会保障省になった。多くの給付が増額された。家族手当は、金額ベースで二倍以上になった。失業の負担を緩和するため、六五年に余剰人員支払いが導入された。Ｐ・タウンゼントを含め社会学者は、六四年と七〇年で貧困者と高所得者の格差が拡大していると批判していた。社会保障大臣の**Ｒ・クロスマン**[7]が、所得に見合った年金計画をつくり出したが議会解散前には実施されなかった。国民保険の支出は、六四年のＧＤＰの四・二％から六九年に五％になった。病院建設の支出は二倍になったが多くの改革は検討中とされた。

7 R・クロスマン(Crossman, Richard Howard Stafford ／一九〇七〜七四)▽戦前から左派系雑誌「ニュー・ステーツマン」の編集に関与。四五年に庶民院議員。ウイルソン政権で住宅・地方行政相、社会保障相などを歴任。ウイルソン辞任後、長く「ニュー・ステーツマン」編集長。没後、労働党政権の実態を伝える日記が公表された。

鉄鋼の国有化は六七年に行われ、英国鉄鋼会社が設立された。長い間労働党内で大きな議論であったが大騒ぎとならなかった。運輸大臣在任期間にB・キャッスルが準備した六八年の運輸法は、国民に大きな影響を与えた。これは、経済的には合わない乗客サービスを社会サービスとして実施し、政府が運輸機関に助成することになった。統合的に鉄道・陸路輸送をするために、全国輸送会社が設立された。道路に対する支出も拡大され、酩酊運転を防止する酒気検知テストを含め、厳格な安全対策が導入された。六六年のドック港湾法と六七年のドック労働計画で、臨時雇用を止めるなど雇用も再編された。六九年一〇月には、**A・クロスランド**[8]が、運輸と住宅の責任を担う地方自治・地域計画大臣となった。これは、六九年に報告されたイングランド、スコットランド王立委員会の勧告に沿って地方と地方政府を再編する序章となった。

ウィルソン政権の外交

英連邦諸国からの移民は、重要な政治問題であり続けた。厳しい英連邦諸国移民法が六八年に通過した。イギリスのパスポートを有していたケニアのアジア人が、「アフリカ化政策」で彼らの祖国から追い出された時であった。彼らは、移民法でイギリスからも排除されたのである。政府は、すでにイギリスに居住している人々に対して雇用や居住で差別されないことを規定する人種関係法を施行しただけであった。最大の内紛は、北アイルランドのプロテスタントとカソリックの対立であった。北アイルランド政府は、秩序を維持するためにイギリス軍の招聘《しょうへい》を余儀なくされた。カソリックに対する差別をなくす対策にもかかわらず、多くの事件や死者を生む深刻な暴動やテロが続いた。

対外関係では、六四年と六五年から続いた問題に引き続き悩まされた。労働党の活動家の多くが、アメリカのベトナム介入に批判的であった。その感情は、戦争が深刻化し残虐行為が報告されるとさらに強くなった。政府は、アメリカとの同盟を断ち切ることを望んでいなかった。ロシアに対する西欧の防衛が外交の基本になっていたからである。平和的解決の方策を見出そうとする首相や外務大臣の試みは、完全に成功を見ることはなかった。

ローデシアに関して、ウィルソンは立憲体制に戻る交渉を進めるため、六六年と六八年に、同国首相のI・スミスと会談をしたが合意には達せず、ローデシアは共和国となった。国連の制裁は失敗に終わった。英連邦加盟のアフリカ諸国は、英国の権威に挑戦するこの試みに英国が何もなしえなかったことで、さらにつながりを希薄化させた。労働党政府は、南アフリカへの武器売却の禁止を決定し融和をはかった。

ナイジェリア内戦では、武器と戦闘でナイジェリア連邦政府を支持する政策について論戦が交わされた。「ビアフラ共和国」(→五一ページ)支持をめぐって、左派右派を含め様々な声が沸き起こったが、六九年にビアフラの体制が崩壊するとそれも鎮静化した。第三世界に対する英国の影響は、

8 A・クロスランド(Crosland,Charles Anthony Raven／一九一八〜七七)▽オックスフォード大講師から一九五〇年庶民院議員。教育相、商務相などを歴任。キャラハン政権の外相時代に急逝。右派の理論家として多くの著述があり、このうち *"The Future of Socialism"* は、六〇年代に『福祉国家の将来』(関嘉彦監訳)として邦訳。

経済的衰退とともに縮小していった。対外援助は削減され、イギリス軍が、七一年までに極東とガルフ湾から撤退することが準備されつつあった。

ヨーロッパ以外の地域への関与が希薄になることで、英国の共同市場（ＥＥＣ）への加盟が強く打ち出されることになった。六六年の選挙直後、政府は新たな加盟の可能性を探り、六七年五月に加盟の意思を表明した。内閣にも議会労働党にも反対はなかった。六七年の労働党大会は、政府の政策転換を支持した。しかし、フランス政府が交渉の意思を持っていないことが明らかになった。ドゴール大統領がポンド切り下げをとらえ、英国経済の弱さが時期を不適切にしていると主張していた。六九年にドゴール体制が崩壊し、加盟申請をする新たな機会が生まれたが、七〇年に労働党政権が下野するまで交渉はなされなかった。

揺ぎないはずの支持を受けて

一九六六年から七〇年にかけてのウィルソン政権の動きを見ると、政府が改革に積極的であったことや、いわゆる〝陣笠議員〟たちの貢献を見逃すわけにはいかない。この時代に行われた多くの政策は、個人の道徳感や良心の問題であった。六六年から六七年のＲ・ジェンキンス内務大臣は、改革を実行するため、彼と同じ見解の〝陣笠議員〟たちを積極的に支えた。

六七年の性的罰則法は、「合意した成人」間でのホモセクシャル行為を合法化した。同じ年の中絶法は、医療上心理的に望ましいと二人の医師が認めたなら、中絶を認めることを合法化した。

家族計画法は、そうすることが望ましいのであれば家族計画を助言しサービスをなす権限を地方自治体に与えた。

六八年には、劇場法が施行され、演劇に対する検閲が廃止された。六九年の離婚法は、離婚をより容易にした。離婚の基準は、「婚姻を回復しえない崩壊」となり、相互の合意があれば二年間の別居で、そうでない場合は五年間の別居で可能となった。離婚が成立した時、家族の財産を平等に妻に与えるために婚姻資産法もつくられた。

六九年一二月には、キャラハン内務大臣のイニシアチブで、さらに両院の自由投票で、六五年から五年間にわたって試行されていた死刑執行の廃止が恒久化された。保守党は、多くの議員が反対したが、労働党では二七九人が賛成して反対は三票であった。戦後の生活様式や人々の意識が変化する中で、ウィルソンは多くの変革を進めた。社会サービスを中心とした福祉国家化が、経済的な困難と国際的地位の低下のなかで進められたのである。

経済や労働の敗北にもかかわらず、六九年から七〇年にかけて、労働党政府は世論で人気を回復した。貿易収支は改善され黒字が拡大した。七〇年一月に、財務大臣は、海外旅行の外貨について制限を緩和できると思っていた。七〇年の予算では、所得税を払う納税者人口を、二〇〇万人減少させた。こうした改善の結果、労働党は支持を回復した。四月から五月にかけての地方議会選挙でも、労働党はかなりの議席を確保した。五月末、ウィルソンは議会を解散し、選挙の実施を決めた。勝利は、揺るぎないと思われていた。

七〇年選挙の驚き、そして下野

一九七〇年の春までに貿易収支は改善していた。労働党への支持の回復には、望ましい環境であった。しかし、労働党への支持を支えていた伝統的な要素は疲弊していた。地方の組織は、脆弱になっていた。ストライキ権を制限する法で行動が規制された結果、労働組合の運動も強さを失った。アメリカやフランスで広がった市民権運動や学生運動に触発され、学生や若者は労働党の自由主義的改革や社会福祉に深い信頼や支持を与えなくなっていた。

労働党が選挙で勝利するためには、増加しつつあった「浮動投票層」からの支持が不可欠であった。「浮動投票層」は政党に強い一体感を持たず、政治が直面する問題にそれぞれの政府が解決を導き出せるかどうかで投票を決める存在でもあった。六〇年代後半の労働党は、選挙民のそうした変化を認識していた。六四年と六六年の選挙での勝利は、労働党が統治能力を持った政党として「浮動投票層」に広く受け入れられた結果でもあった。七〇年代の選挙は、これまで以上にそうした「浮動投票層」に依存しなければならなくなっていた。

五月に入ると、世論調査は、「浮動投票層」が労働党支持に向かいはじめたこと、指導者としての評価でつねにウィルソンがヒースを上回っていることを明らかにした。ウィルソンは、これまでと同じように、党首に焦点化して自分かヒースかの選択を選挙民に迫ることにした。それは同時に、国有化とか移民とかの対立を含む原理的な問題を捨て、貿易収支の黒字化に成功したなど、誰もが反対しない環境問題などを強調することを意味した。

ウィルソンを表紙にしたマニフェストーは、「今や生活するに値《あたい》するぐらいイギリスは強い」(Now Britain's Strong- Let's Make it Great to Live In)と題された(→八一ページ)。戦略は、成功するかのようであった。六月一八日の投票日まで、世論調査は労働党の勝利を指摘していたからである。選挙結果は驚きであった。労働党から保守党へ、四・七%のスイングがあり、保守党が勝利した。E・ヒースは、過半数を三一議席上回る三三〇議席を確保した。労働党は、六六年の選挙に比較して七四議席を失い、二八七議席(議長を除く)となった。自由党は六議席まで縮小し、北アイルランド諸党が六議席を獲得した。六九年の選挙法改正で、選挙年齢は一八歳に引き下げられたが、投票率は低下し七二%となった。

多くの選挙民が、六月の休日に出かけ、静かな選挙戦による無関心も選挙結果に影響した。世論調査が間違えたことについて様々な解釈がなされた。投票日の三日前に発表された貿易収支の悪化を示す数値が、あるいは前の保守党の大臣E・ポーエルが、英連邦諸国からの移民問題についての論争を再燃させたことなどが影響したと言われた。それらは、確かにいくつかの選挙区で影響を与えたが、斉一的な保守党へのスイングを説明することはできなかった。

党内事情もあった。六八年にL・ウイリアムが党書記を辞した時、当初予定されていた若く有能な幹部ではなく、運輸労働組合の老齢なH・ニコラスに代わった。彼に、選挙戦略の変化は望めなかった。そんなことも影響していた。いずれにせよ、選挙民に、とりわけ以前の労働党支持者には、ある種の幻滅感があった。それは、時間をかけて癒さなければならないものか、新たな保守党政権の失政から拭い去られるものであった。

予想外の敗北は、党員の間に批判を生み出す可能性があったが大きくはならなかった。ウィルソンの権威ないし威信によるものである。ウィルソンが、党首に再選されたように、揺らいだ威信も回復した。G・ブラウンが選挙に負けて貴族院議員になったために関心は副党首に移った。財務大臣で、右派の最も有能なR・ジェンキンス（→五一ページ）が、M・フート（→一三六ページ）とF・ピアートを破って選ばれた。影の内閣の選挙も、共同市場への加入を支持する右派に有利に働いた。

しかし、一〇月の党大会では、労働組合の指導者が圧倒的に左派であることを明らかにした。ウィルソンは、党首が兼任していた議会労働党の議長の座を譲る改革を行った。これで、彼は、議会労働党と全国幹部会や全国会議との間に意見の不一致があった場合に、独立した立場で判断を下すことが可能となった。

ＥＥＣ加入問題への野党としての対応

選挙後に、対立の可能性がある政治課題は、ＥＥＣ（ヨーロッパ経済共同体）への加入問題であった。Ｅ・ヒース保守党政権は、労働党が準備した提案を引き継ぎ、交渉のためにブラッセルや大陸ヨーロッパ諸国に飛んだ。七〇年一〇月の労働党大会は、全国幹部会の助言があったにもかかわらず加入反対を決議した。総選挙前に、大臣であったＰ・ショアが加入反対を表明し、Ｔ・

ベン（→一九五ページ）は加入に賛成したが国民投票を訴えた。

七一年になると、労働党議員はそれまでに提起された条件に反対する動議に署名した。政府交渉の成功が明らかになるにつれ、全国幹部会はこの問題を議論する特別会議を開催することを多数で決定したが、この会議では拘束的な投票を行わないという合意がなされた。

投票は、一〇月の大会まで待つことになった。特別会議で、議長のＩ・ミカルドは、賛成と反対の両陣営から代表を出させて話をさせた。ウィルソンは、最後の演説で、政府が受け入れた条件は彼を満足させないと述べた。一一日後の七一年七月二八日、全国幹部会は、現在の条件での加入を認めない決定を一六対六で行った。議会労働党も同様の決定をした。少数派には、副党首のＲ・ジェンキンスや若手の議員で最も有能で人気の**Ｓ・ウイリアムズ**[9]がいた。

この決定は、九月の労働組合会議、一〇月の党大会でも承認された。労働党が政権にあったなら、保守党政権が確保した条件を議会労働党も受け入れたに違いない。しかし影の内閣が行ったことは、一〇月二八日の投票に反対票を投じることを議員に命じたことであった。

共同市場への加入を支持し続けてきた右派の議員は、「反乱分子」とみなされた。院内総務や

9 Ｓ・ウイリアムズ（Williams, Shirley／一九三〇～）▽ジャーナリスト出身。一九六四年に庶民院議員に初当選。キャラハン内閣で教育相。八一年に離党し、Ｒ・ジェンキンス、Ｗ・ロジャーズ、Ｄ・デイヴィッド・オーウェンとともに、社会民主党を結成。その後、自由党との合流にも参加、自由民主党議員としても活躍した。夫は、"*Ethics and the limits of philosophy*. 1985."（邦訳『生き方について哲学は何が言えるか』産業図書、一九九三年）などの著書がある哲学者Ｂ・ウィリアムズ（Sir Bernard Arthur Owen／一九二九～二〇〇三）。

多くの選挙区から、新たな方針に帆を向けるようにという圧力もあった。R・ジェンキンスや、六一年の「民主的社会主義のためのキャンペーン」で重要な役割を演じた前大臣政務官**W・ロジャーズ**[10]に叱咤《しった》されて、さらに、保守党内の反対者がわずかと読んで、加入投票に際して労働党が自由投票を認めることを決定すると、労働党右派の議員たちは最後の行動すなわち賛成に回った。結果的に、労働党の院内総務に対する反乱は大量となった。六九人の議員が加入に反対し二〇人が棄権した。こうして、加入原則への賛成は、三五六対二四四の圧倒的多数で認められた。労働党の影の内閣で二三人が賛成し、反対がわずか九人であることも明らかになった。

加入原則の決定から、実際に権限を付与する立法手続きの詳細を決める段階になると、労働党の「反乱分子」は党の方針に従い政府案に反対した。保守党の「反乱分子」も同様であった。棄権したり、保守党に賛同する少数の労働党議員は存在したが、労働争議、失業や住宅助成法案等の問題で保守党と労働党の間に鋭い対立が生じると、政党規律に従う行動が鮮明となった。

労働党指導部の不安定な妥協は、七二年四月になって崩壊した。影の内閣が、共同市場に加入する前に国民投票を行うという保守党内の反共同市場議員達の提案に支持を表明したからである。これは、労働党の共同市場加入支持派の議員達が行動を起こすのに十分な決定であった。ジェンキンスは副党首を辞し、G・トムソンとH・レーバーが影の内閣を去った。ジェンキンスに代わって、ウィルソンより三歳年上の中道派E・ショートが副党首となった。共同市場への加入交渉を保証するヨーロッパ共同法案が、七二年一〇月までに立法過程の全ての段階を通過した。同法案は、七三年一月一日から実施となった。

変わる労働環境の中で

労働組合を変える政府立法が議会に提案された。一九七〇年に雇用大臣となったR・カーによって保守党内で長い間温められてきた労使関係法が、七一年に通過したのである。労働党の影の内閣は、六九年に提出した法と似た点があったことから、法案の全てに反対することはしなかった。しかし、議会でも産業界でも激しい反対が起きた。組合は、意思表明として一日のストライキを実施した。新法は、労働組合の公的な登録を求めていた。さらに、非公式ストライキや法で規定されている契約の違反などを処理する労使関係法廷の設立を求めていた。

法廷は、雇用大臣の求めに応じてストライキが開始される前に調停期間、さらにストライキが多数の支持を受けているかを明らかにするために組合員に投票を命じることができるとした。また、会社の労働者を唯一代表する権利としての「エージェンシー・ショップ制」が、雇用主との協定ないし投票の多数で労働組合に認められるが、「**クローズド・ショップ制**」[11]は違法とされた。

10　W・ロジャーズ（Rodgers, William Thomas／一九二八〜　）▽一九六二年庶民院議員初当選。キャラハン政権で運輸相として初入閣。八一年離党、社会民主党を結成し副委員長。自由党との合流(自由民主党)を推進。

11　クローズド・ショップ制（closed shop system）▽労働者はまず一定の労働組合に入り、使用者はその組合労働者のみを採用し、もしも採用後に組合を脱退するか除名されたりした時は、使用者はその労働者を解雇しなければならないという制度。

労働組合は、規制的な法に反対してきたことから、法の実施に異議を唱えた。労働組合会議は、加盟組織にこの法に従って公式の登録をしないことを求めた。ごくわずかを除き全てが指示に従った。労働組合はまた、訴訟を労使関係法廷に提起することを拒否した。七二年春に、調停期間と秘密投票の二つの問題が、鉄道組合にかけられ、問題は否決されて、組合幹部の立場を補強して終わった。

労使関係法に対する戦いは、労働組合会議と労働党の間を、アトリー政権下の時よりも緊密な関係にさせた。労働党は、一九七一年の党大会のからこの法の廃止を試みた。労働党幹部は、労働組合会議との協議を公式化することを示唆し、七二年一月になって、労働組合会議労働党連携委員会の創設になった。より良い労使関係の第一歩として、公的資金による非政府の調停・仲裁サービスの設立であった。

保守党政権の労使関係法の目標の一つは、ストライキの発生を減らすことであった。しかし、短期的に効果はなかった。七二年に失われた労働日数は増加していた。ゼネストの年でもあった。労働日数の低下は、鉱山労働者の行動が大きかった。彼らは、全国的なストライキを要請した。石炭のストックは充分だが、発電所にピケを張り、燃料の搬入に反対した。これらの戦術は、政府の譲歩を引き出し、鉱山労働者の賃金増につながった。

この結果、インフレ・スパイラルが生じた。保守党政権は、ウィルソン政権下で強制的賃金政策がうまく機能しないことを経験していたので同様の政策を用いなかった。しかし、年の終わりに、政府は、賃金、物価、配当、家賃について、九〇日間据え置くことに舵を切った。七三年の春には、インフレを監視するために、物価委員会と賃金局の設立と厳密な統制が導入された。こうして、保守党は選挙公約とは全く逆の道をたどることになった。

賃金と物価を抑制する政策は、七三年秋にエジプトとイスラエルの間で**第四次中東戦争**[12]が勃発しなければ、成功する可能性があったかもしれない。しかし、この戦争はアラブの石油産出国による石油価格の急騰を引き起こした。イギリスはインフレとなり、エネルギー供給に大きな懸念を引き起こした。鉱山労働者は新たな賃上げを要求したが政府は譲らなかった。政府は、一〇時半以降のテレビ放送を禁止すること、七三年一二月三一日以降、産業界の労働時間を週三日にすることを含めて、燃料消費を制限する緊急対策を講じた。

七四年の一月末までに、鉱山労働者は全国ストについての投票を行った。これは、同組合の慣行であり労使関係法に従ったものではなかった。八一％という多数で、全国ストライキが決定され、二月一〇日に実施されることが明らかにされた。この時点で、鉱山労働者に二度も敗北することはできないと感じていたＥ・ヒースは、二月二八日に選挙を実施することを決めた。そうすれば、選挙の争点は、共同市場への加入を認めるか否かではなく、労働組合の問題になり多くの選挙民が反対するか無関心となると考えたのである。

12第四次中東戦争▽一九七三年一〇月、エジプト軍がシナイ半島を、シリア軍がゴラン高原を急襲して勃発。「六日間戦争（↓五一ページ）」で占領されたシナイ半島奪還を悲願とした、エジプトのサダト大統領の主導による。イスラエル軍が反撃に転じアメリカが仲介に入ったため、三週間ほどで停戦。しかし、エジプト優勢を受けて、サウジアラビアをはじめとするアラブ産油国が、イスラエルを支援する国への原油の販売を停止・制限し、さらに原油価格をつり上げたため、欧米はもとより日本経済に大打撃を与え、「オイル・ショック」と呼ばれた。

返り咲いたウィルソン政権

労働党は、選挙でかつてなく左派の政策を打ち出した。ウィルソンは、労使関係の安定を求める現実的な調停者としてアピールした。政党マニフェストーは、「ともに働こう」（Let us work together：Labour's way out of the crisis）と銘打たれた。それは、労使関係法の廃棄や共同市場加入の条件について再交渉を提起し、労働者とその家族に権力と富の根本的な転換を約束した。

これには、資産課税、資本移転課税、開発された土地と鉱山権の国有化も含まれていた。自動車産業まで国有化を拡大することや、七二年から七三年にかけての全国幹部会下位委員会によって提起された計画を踏まえて、公営企業の運営を監視する国家企業局の設立もうたわれた。

マニフェストーでは、労働党政権が労働組合と共同して社会改革を目指して「社会契約」の言葉が用いられた。そこでは、政府が社会的格差の広がりとの戦いを行う見返りに、労働組合が賃金抑制に協力することが謳われた。「社会契約」の理念は、数ヵ月前の労働組合会議・労働党連携委員会の会合から登場したものであった。

しかし、H・スカンロンは、「社会契約」がどのように進むのかを問われた時、「組合によるしっかりとした関与がないことだけは明白だ」と述べていた。保守党や財界も一枚岩ではなかった。E・ヒースが大臣の地位にしなかったE・ポーエルは、保守党が共同市場に加わる国民投票を指向しているという理由で、労働党に投票すると宣言していた。英国商業連盟会長のC・アダムソンは労使関係法の破棄を要請した。

選挙キャンペーン中の世論調査は、選挙民の「ゆれ」と「脱極化」を指摘していた。選挙民が大きく揺れること、中産階級が保守党、労働者階級が労働党といった伝統的な階級投票の弛緩である。保守党と労働党で、選挙民の九〇％を確保する状況ではなくなっていた。自由党、スコットランド国民党、ウェールズ国民党などの少数政党の台頭で、選挙学者の分析は難しくなっていた。それに、選挙を急いだ保守党の焦りが重なっていた。

七三年の補欠選挙は、保守党の議席が自由党へ、労働党の議席がスコットランド国民党へ移動していたが、七四年総選挙も、同じ変化を見せることになった。労働党は三〇一議席を取り、保守党は二九七議席となり、自由党が一四議席、スコットランド国民党が七議席、ウェールズ国民党が二議席を確保した。保守党は得票率こそ三七・九％と、労働党の三七・一％を上回ったが、小選挙区制度の歪みで敗北した。いずれの政党も過半数を確保できないことが分かると、ヒースは自由党の党首J・ソープをダウニング街に呼び、保守党との連立政権を提案した。ソープは、提起された条件に合意しなかった。選挙四日後の三月四日、ヒースが首相辞任を表明し、H・ウィルソンが、組閣のために招聘された。ウィルソンは、他の政党と連立交渉をしないこと、少数単独政権になることを即座に公表して政権に返り咲いた。

再出発、そして再選挙

一九七四年三月、ウィルソン単独少数政権が誕生した。新政権で、副党首のE・ショートが幹事長、J・キャラハンが外務大臣、**D・ヒーリー**[13]が財務大臣となった。七三年に影の大臣に選出されたR・ジェンキンスが内務大臣、左派のベテランM・フートが雇用担当大臣となった。

新設の物価消費者保護大臣はS・ウイリアムズ（↓六三ページ）となり、A・クロスランド（↓五七ページ）が運輸、自治、住宅を兼ねて環境大臣となった。このほか、B・キャッスル（↓四五ページ）が保健・社会保障大臣、T・ベン（↓九五ページ）が産業大臣、P・ショアが通商大臣の陣容となった。

議会労働党では左派へのシフトが鮮明になり、五四人の新人議員のうち二六人が左派の《トリビューン・グループ》（↓二三ページ）に加わり、その派のI・ミカルドが議会労働党の議長に選出された。鉱山労働者のストライキは、何らかの報酬を与えるという条件でいったんは収まった。週三日労働の慣行は終わりとなった。パン、小麦、バター、チーズ、ミルク、お茶などの基礎食品に、補助が与えられた。

フート雇用担当大臣は、労使関係法を破棄し、賃金局を廃止する法案を提出した。労使関係法を破棄するため、新たな労働組合・労働関係法が通過した。通過に際して両院で修正がなされたため、労働党の望みの全てが実現

D.ヒーリー
（Healey, Denis Winston／1917~2015）の伝記

Edward Pearce, Little, Brown & Company, 2002.

はされなかったが、保守党の労働関係法は払拭された。

ヒーリー財務大臣は、三月と七月に二つの予算を通過させた。最初の予算は現状維持的であったが、第二の予算はインフレを促進するもので、VAT（Value Added Tax／付加価値税）が一〇％から八％にカットされた。この予算は物価を上昇させる効果を持っていたので、家賃凍結が打ち出され、七二年の住宅基金法が新しい家賃法に変えられた。

英国と共同市場について政府内で対立が続き、政策原則についても大臣間に対立があった。T・ベン産業大臣は広範な国有化を主張し、R・ジェンキンス内務大臣やR・プレンティス教育大臣は緩やかな国有化を望んだ。議会会期中に、政府は二〇回程度の法案修正を余儀なくされた。

こうしたことから、誰もが九月までに新たな選挙を期待するようになっていた。九月一八日、ウィルソンは、一〇月一〇日に総選挙を実施することを表明した。七ヵ月という一七世紀以降最も短い期間での選挙は、関心も熱気も引き起こさなかった。労働党のマニフェストーは、二月の選挙での公約を再強調し、「イギリスは労働党とともに勝利する」（Britain Will Win With Labour）と題された。

労働組合との社会契約を再度強調し、労働組合・労働関係法に反対する修正は拒否すると約束

---

13 D・ヒーリー（Healey, Denis Winston／一九一七〜二〇一五）▽一九五二年、庶民院議員に初当選。第一次ウィルソン内閣で国防相、第二次ウィルソン内閣で財務相。七六年の党首選に立候補するがキャラハンに敗北。八〇年の党首選では第一回投票でトップに立つも決戦投票でフートに敗れ、八〇〜八三年副党首。半世紀以上にわたり議員を務めた（九二年からは貴族院）。

した。労働者に新たな権利を付与する雇用保護法も約束した。「スコットランドとウエールズに新議会を創設する」こと、共同市場に関しては、一年以内に「国民投票を行う」が、「時期尚早で、厳しい交渉の行方を判断できない」と宣言した。

選挙で、労働党ウィルソン、保守党ヒースとも党首の行動は控えめであった。結果的に、メディアを賑わせたのは、保守党の**M・サッチャー**[14]と労働党のS・ウイリアムズ、二人の女性であった。サッチャーは、保守党が勝ったなら住宅貸付の金利を九・五%にすると約束し、ウイリアムズは、国民投票で共同市場への不参加を決定したなら政治家を辞すと大胆に宣言した。

ヒースは、キャンペーンの終盤になって「挙国一致内閣」を語りはじめた。短期間で二度の選挙をしなければならず、飽き飽きしていた選挙民に多少の影響を与えたかのようであった。

しかし、選挙の結果は、労働党三一九議席、保守党二七七議席、自由党一三議席、スコットランド国民党一一議席、ウエールズ国民党三議席、アイルランド諸党一二議席に終わった。保守党から労働党へ二・二%のスイングがあり、労働党は過半数を三議席上回りぎりぎりの勝利となった。しかし、労働党の得票率は三九・二%とわずかに増加したが、得票数は減少し、労働党が最高の得票数を確保した一九五一年の選挙に比較して、二五〇万も少なくなっていた。

S.ウイリアムズ
（Williams, Shirley／1930～）の伝記
《Climbing the bookshelves》

Sh.rley Williams, Virago,2009.

共同市場への加盟と賃金政策

新しい議会で労働党の過半数はわずかであったが、野党が共同歩調をとることがなかったために、政治的に問題はなかった。共同市場や内政で分裂していた労働党にとっても好都合であった。《トリビューン・グループ》は、全国会議の意志に政府が従うべきという主張を繰り返していた。

しかし、ウィルソンは、共同市場加入の条件に関する再交渉を止めなかった。彼は加入条件を有利にする一方、七五年三月に内閣を説得し、六月五日の国民投票で「賛成」投票を促すことに合意させた。国民投票キャンペーンが行われた数週間、右派と中道派は、反市場派のM・フート、B・キャッスル、T・ベン、P・ショアに対抗して、保守党と自由党とともに賛成側に立った。

四月末に、ウィルソンは、国民投票を前にした特別会議を開催した。会議は三七二万四千対一九八万六千で、ウィルソンの勧告に反対する決定をした。この結果は、親共同市場派の士気を上げさせた。反対票の多くが、運輸労働組合とエンジニア労働組合のものだということが明らかになったからである。ウィルソンは、国民投票の結果を受け入れることを約束した。

さらに、全国幹部会は、「全ての個人がその見解を表明する権利」を認めた。党書記長は、「地

14 M・サッチャー（Thatcher, Margaret Hilda／一九二五～二〇一三）▽一九五九年、保守党庶民院議員として初当選。七〇年ヒース政権で教育相として初入閣。七五年から党首（イギリス初の女性党首）。七九年にイギリス初の女性首相となり、様々な毀誉褒貶を受けながら、九〇年まで政権を保持した。

方政党レベルで、少数派に制裁を与えることは不快である」という声明を出した。この寛容な態度は、党の統一を保つ上で極めて重要であった。

最後に、戦いは一方的であることが明らかになった。一方の側には、首相、多くの閣僚、保守党と自由党がいた。他方には、少数の閣僚、多くの労働党議員と労働者、多くの労働組合と少数の保守党議員がいた。「賛成」支持者は、産業界が資金を提供した「ヨーロッパ運動」の連合に糾合した。E・ヒース、R・ジェンキンス、J・ソープなどが運動方針を決めた。反対派は、労働党左派の議員、労働組合運動家、保守党右派という奇妙な連合体である「国民投票キャンペーン」に集まったが、資金は枯渇していた。

国民投票は六七・二％対三二・八％で、賛成派の大勝であった。結果は地域ごとに宣言されたが、スコットランドのシェトランド諸島と西部諸島を除いて、どの州や地域でも賛成であった。六四％の投票率も、選挙の正当性を確保する上で十分であった。

この結果、左派は衰退した。政府の最左派であったE・フェファーは、「内閣における多数派の決定に対する反対表明は、地方で許されるが議会では許されない」という首相の方針に違反したかどで辞任を求められた。ウィルソンは、エネルギー相をベンからE・バーリーに変え、J・ハーツを辞任させた。I・ミカルドは、議会労働党の議長に再選されなかった。

他方で、左派の組合指導者が、効果的な賃金政策が必要と糾合し始めた。運輸組合のJ・ジョーンズは、七五年から七六年にかけて賃上げを提案し、七月に内閣に取り上げられた。週あたり六ポンドを最大に上げるというものである。年収八五〇〇ポンド以上の者には適応されなかった。

ウィルソンは、物価の抑制、公共支出の制限を条件に、経営者の反対を押し切って実行に移そうとした。この案は九月の労働組合会議で承認され、夏と秋に、エンジニア組合と鉱山労働者組合が従った。しかし、七六年から七七年の冬には、インフレが二ケタに上り、失業率も五％前後で推移し、政府は不人気のままであった。

◎一九四五~五一年 首相、一九三五~五五年 労働党党首

クレメント・アトリー

（一八八三年一月三日生まれ、一九六七年一〇月八日死去）

アトリー政権は、労働党政権の中でも最も成功した政権の一つとして広くみなされている。この政権が、完全雇用、福祉国家、混合経済、大英帝国から英国連邦国家への転換など、戦後イギリスの政治基礎を形成した。

アトリーは、比較的裕福な中産階級の家に生まれた。父は事務弁護士（ソリシター）で、オックスフォード大学を卒業した後、法廷弁護士となった。

ロンドンのイースト・エンド地区の貧困を目撃したことが左派の政治運動に向かわせたといわれる。イースト・エンド地区は、五〇年間にわたってアトリーの選挙地盤であった。一九〇七年にステプニー市で少年クラブの運営を始め、LSE（London School of Economics）の社会学部講師を兼任した。第一次世界大戦の功績で、二〇年代に少佐となった。

一九年ステプニー市長となり、二二年イースト・エンドのライムハウス選挙区から労働党議員に選出された。親の資産に恵まれたことから、職業政治家として政治活動に専任した。

アトリーは、二四年の最初の労働党内閣で政務官となった。二七年から二九年に、「インドに関するサイモン委員会」に加わった。二九年から三一年の第二次労働党政権で、三〇年、O・モズレィに代わってランカスター公領相となり、翌年に郵政相となった。三一年に少数内閣が崩壊し、R・マクドナルド首相が挙国一致内閣に向かうと、アトリーは労働党に留まった。マクドナルドの行為は、裏切りと考えていた。

三一年の総選挙で労働党は惨敗し、結果的にこの惨敗がアトリーに政治的飛躍をもたらした。この選挙で、議会に返り咲いた労働党議員は五〇人、大臣経験者は一握りであった。アトリーは副党首となり、議会でさまざまな問題について発言することを余儀なくされた。三五年の選挙を前に、G・ランスベリーが党首を辞任、実質的に党を統率していたアトリーが後継者となった。

三五年の選挙で、一五〇人を超える労働党議員が誕生、党首選でH・モリソン（→一九ページ）を破って党首となり、その後二〇年間党首を務めることになる。労働党で最長であった。控えめな振る舞い、多数派に従う行動などは対立続きの労働党が必要としていた。アトリーは最適な人材であったのである。

三〇年代後期に外交と台頭するナチズムに対する対応で労働党内部に対立が生じた。平和主義を志向し再軍備に反対する派閥の台頭で対立は激しくなった。四〇年、アトリーはチャーチル戦時連立内閣に加わり、四二年から四五年に副首相となり、五人の戦時内閣の一員となった。戦後の再建を担う委員会も含めて、多くの内閣委員会の委員長を務めた。

　四五年の総選挙で、労働党が勝利すると、アトリーの首相就任を阻止する政治的動きが生じた。左派の知識人H・ラスキは、H・モリソンを支持し、組閣を受諾する前に、自重することをアトリーに要請した。アトリーはこれを無視した。

1945年、ポツダム会談に臨んだアトリー（左）。アメリカのトルーマン、ソ連のスターリンと。

　ラスキは、別の手紙で、アトリーが指導者にふさわしい資質を欠いていることや、党首の地位を去るべきことを伝えた。アトリーのメモ書き的な返信は、次のようであった。

　ラスキさま
　お手紙ありがとう。ご指摘拝受いたしました。
　　　　　　　　　　　　C・R・アトリー

　四五年誕生の労働党内閣の首相として、政治経験が豊富な人々からなる内閣を組織した。議会での圧倒的多数を背景に、イングランド銀行、鉄道、石炭、ガス、電気、鉄などの国有化を定める立法を進めた。福祉計画を進め、国民保健サービス（NHS）を創設した。帝国主義的支配を終焉させるべく、インド、パキスタンの独立を一九四七年に認めた。

　戦時経済から平時経済への転換にともなう経済問題に対処しながら、アメリカからの武器貸与を終わらせた。他方で、原子爆弾の開発と生産を開始した。五〇年に総選挙で薄氷の勝利を確保したが、五一年の総選挙で敗れて政権を去った。

　将来の政策や、アトリーの後継者を誰にするかを巡って対立が生じた。アトリーは、五五年の総選挙の敗北まで党を率いたが、敗北したことで党首を辞任した。七二歳であった。

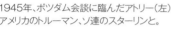

モリソン派からは、モリソンを党首にしないために辞任を遅らせたと酷評された。アトリーも、モリソンを外相にしたことは、「私がこれまでになした任命で最悪のものであった」と述べた。

◎一九五五～六三年　労働党党首

ヒュー・ゲイツケル

（一九〇六年四月九日生まれ、六三年一月一八日死去）

ゲイツケルは、インドで幹部官僚であった父を持つ中産階級の出身であった。パブリック・スクールのウィンチェスターを経て、オックスフォード大学で学んだ。オックスフォードの教育と一九二六年のゼネストが、左派の政治運動に向かわせたという。オックスフォード大学卒業後、ノッチンガム市の労働者教育協会の非常勤講師となり、二八年ロンドンで、大学の経済学講師となり、戦争が始まるまでその任に就いていた。戦時中に公務員となり、労働党の政治家H・ダルトンのためにしばらくの間働いた。その中で、有能な公務員としての評価を獲得した。

ゲイツケルにとって、社会主義は生活改善のため、貧困のための実践的実用的手段であった。四五年の総選挙で、リーズ南選挙区で労働党から立候補して当選、死ぬまでこの議席を確保した。

四五年の労働党政権で多くの政務官や副大臣を経験した後、五〇年二月経済問題担当国務相になった。それまでに、ポンド下落の問題や、供給相手として厳しい冬季間の石炭不足に対処したりして、評判を高めた。

五〇年一〇月、病気のS・クリプスに代わって財務相となった。五一年にゲイツケルが提示した予算は、再軍備計画に大きな予算を投じた。党内の多くに反対を生み、とりわけA・ベヴァンが激しく反対した。同予算は、ベヴァンが創設した無料の社会保健サービスに、金銭的負担を国民に求めたからである。

五一年の総選挙で敗れると、労働党は一三年間野党暮らしとなる。五〇年前期、労働党は、ドイツの再軍備をめぐって、さらにC・アトリーの後継をめぐって党内対立を深める。さらにまた、ソビエトに対するアメリカとの同盟をめぐって対立も生じた。五四年の影の財務相をめぐる党選挙で、ゲイツケルは、多くの労働組合の支持を背景に、ベヴァンを破った。五五年にアトリーが引退すると、モリソンとベヴァンを破って、労働党党首となった。

アトリー同様に、ゲイツケルは、中産階級で、パブリック・スクール、オックス＝ブリッジ卒の指導者であった。ゲイツケルは、労働党左派や選挙区労働党など労働者階級の英雄であったベヴァンに対して、労働党右派と労働組合に支持されていた。結果的に、二人の間には不安定な関係が続いた。

五九年の総選挙におけるキャンペーンに対するゲイツケルの統制は、彼の地位を大いに高めた。しかし、三回連続しての敗北となった。ゲイツケルは、増税も考えずに支出計画を遂行しているという主張で批判された。敗北後、ゲイツケルは、生産、分配、交換手段の国有化を規定する政党綱領第四条の修正を提起した。この動きは、党から激しい批判を浴びた。

社会正義、社会計画、平等を促進するのに政党を関与させるというゲイツケルの主張は通ったが、第四条項は改訂されず敗北した。第四条項を残すことは、労働党の象徴であった。

ゲイツケルは、その直後、防衛政策をめぐって新たな対立に直面した。核軍縮を求めるキャンペーンが労働党内で進展し、六一年の党大会は一方的な核軍縮を進める決定を行った。ゲイツケルは、一方的な核軍縮に反対して、「私たちが愛する党を救うために、何度も何度も戦う」と主張する情熱的な演説をし、決定を翻すための長い戦いを開始した。

この戦いは、翌年の党大会で達成された。この六二年の党大会で、ゲイツケルは、当時提起された条件でEEC（ヨーロッパ経済共同体）に加わることに、連邦ヨーロッパは「千年の歴史の終わり」と主張して、反対を表明した。この主張が、伝統的な左派グループとの関係を改善した。六三年の早くに、ゲイツケルは突然の死を迎えた。その時まで、労働党の先頭に立って、次期の首相になると広く考えられていた。

ゲイツケルは合理主義者であった。それは、魅力に乏しい計算器として左派から批判された。彼はまた原則主義者でもあり、鍵となる政策について妥協することを嫌った。労働党を中道に導こうとするゲイツケルの努力は、彼の政策と保守党のバトラーの経済政策が近似していることから、『エコノミスト』誌から「バッケリズム」と称された。

ゲイツケルにとって、国有化は手段であった。したがって、混合経済は完全雇用と福祉国家を導き出すことができると考えていた。社会主義者は、生活の質を改善

ゲイツケルの伝記
《Hugh Gaitskell》

Philip Maynard Williams, Oxford University Press, 1985.

し、平等を促進することに関心を持つべきであるとも考えていた。ゲイツケルは、労働党内に多くの支持者を集め、彼らは「ゲイツケル派」と称された。その中には、R・ジェンキンス（→五一ページ）やA・クロスランド（→五七ページ）などがいた。

ハロルド・ウィルソン

（一九一六年三月一一日生まれ、九五年五月二四日死去）

一九六四～七〇年・一九七四～七六年　首相
一九六三年～七六年　労働党党首

ハロルド・ウィルソンは、四度の選挙に勝利した。労働党党首で最多である。八年間首相の座にいた。T・ブレアに次ぐ。ウィルソンの政治的評価は、生前からかなり揺れた。引退ならびに死去の時、彼が築いた政治的遺産は枯渇していた。六〇年代中期に、ウィルソンは、「イギリスのJ・F・ケネディ」と称された。

ウィルソンは、薬剤師の息子で、ウイラル・グラマー・スクール、オックスフォード大学で学び、努力によってトップの地位に上りつめた。戦時に公務員となり、経済学を学び、終戦までに燃料電力省の経済統計ディレクターとなった。公務員、大学教員として成功していたが、政治家を選択した。一九四五年の総選挙で、オームスカーク選挙区から選出された。五〇年からはマージーサイドのハイトン選挙区に移り、八三年の引退までその選挙区の議席を守った。

議会では、華々しい活躍を見せた。三一歳で議員になると、二年で通商局を主宰し、産業に対する多くの戦時統制を解除した。

四七年に三〇代の若さでアトリー内閣の商務相となり、五一年に社会サービス支出を抑制する一方、大規模な再軍備計画に資金をあてるゲイツケル財務相の予算に反対して、ベヴァンとともに内閣を去った。

この辞任で、ウィルソンは左派とみなされることになり、さらに、六〇年の年次党首選挙でゲイツケルに対抗し、左派との評価を明確にした。しかし、ウィルソン自身は実用主義者であり、明確なイデオロギーを持っていなかった。

ゲイツケルは、左派が支持する一方的な核軍縮を進める党大会の決定をひるがえすために、はっきりと戦っていた。ウィルソンは、一方的な核軍縮を支持する人物ではなかったが、ゲイツケルが不和の原因と考え行動した。ウィルソンは、党首選挙に負けた。ゲイツケルは、次の選挙で労働党を勝利に導くと予想されていたが、六三年に突然の死を迎えた。

影の蔵相を経て、影の外相になっていたウィルソンは、中道に訴えて、二度目の投票で党首となった。労働党右派は、信頼に足る担い手を欠いていた。左派の状況も同じであった。六四年の総選挙で、労働党は、わずか四議席過半数を上回って勝利した。

　六四年一〇月の首相就任にあたって、ウィルソンは、社会主義に奉仕する動態的な活動、計画、経済成長、科学の任務を約束した。

　六四年から六六年の第一次ウィルソン政権が、ウィルソンにとって最良の時であった。労働党政権がごくわずかの過半数によって成り立っていることが、短期政権を想定して、メディアの注目を引いて印象深い活動をつくり出すことなどを必然化した。六五年、人気ロックグループ、ザ・ビートルズの四人に対して、外貨獲得の経済貢献によるMBE（Member of the Order of the British Empire）勲章授与を実現させたのも、ウィルソン政権である。こうしたこともあって、六六年の総選挙で地滑り的な勝利を得ることになった。

1970年総選挙のマニフェストーと、表紙になったウィルソン。「今や生活するに値するぐらいイギリスは強い」(と訴えたが、選挙は敗北。

　ウィルソン政権は、ポンド価格の維持に政権をかけた。デフレと所得政策の展開にもかかわらず、六七年にポンド切り下げを余儀なくされ、経済計画は破綻し、経済成長の追求は放棄された。予定された貴族院の改革、労使関係の改革は放棄され、EEC（ヨーロッパ経済共同体）への加入も失敗した。六五年のローデシア（現・ジンバブエ）の一方的な独立宣言に対処するために多くの時間が費やされた。

　六四年から七〇年の六年間の平均経済成長は二%超で、労働党が批判した前保守党政権期間中の経済成長よりも低い水準であった。この間の政治業績は、オープン大学の創設、ホモセクシャルとわいせつ出版物に関わる法の改正、死刑の廃止などであった。

　失敗の責任の多くは、ウィルソンにあると指摘される。一九六四年一〇月の首相就任時に、ポンド切り下げを想定しない政治的決定をした。六七年にポンドが切り下げられると、それにうまく対処する対策も講じなかった。ウィルソンは、政治制度、英連邦制度、英米関係については極めて保守的であった。ポンドを守るために、社会計画が犠牲にされた。

ウィルソンは、常にスケープ・ゴートを探しているといわれた。政党を批判する者は、「陰謀を企てる者」として、その他の反対者は「イギリスを空売りする」輩《やから》として切り捨てた。労働党左派も、アメリカのベトナムへの軍事介入を支持したこと、所得政策、社会的支出を削減したことなどに失望を表明した。

こうした政治的軌跡にもかかわらず、一九七〇年の総選挙での労働党の敗北は、驚きをもって迎えられた。野党になると、労働党左派が息を吹き返した。

ウィルソンは、多くの政策の反対を黙認した。EECとの関係をどうするかについて党内の意見が割れ、ウィルソンが明らかに心変わりをすると、労働党内の親ヨーロッパ派は、ウィルソンに対する信頼をなくした。EEC加盟についての国民投票を行って、その結果を受け入れた。党の統一を保つために妥協も行った。

決然とした指導者のイメージは失われたが、一九七四年二月の総選挙で、予想に反して勝利して少数与党政権を樹立した。同年の一〇月の総選挙でも勝利し、わずかに過半数を上回る政権を維持した。

ウィルソン政権は、保守党ヒース政権が残した負の経済的遺産と低迷する国際経済に対処しなければならなかった。賃上げ要求を抑えるために労働組合会議との「社会契約」に、政治的活路を求めた。しかし、政権を担当している間に、インフレを治めることはできなかった。EECへの加盟で労働党が分裂すると、国民投票で分裂を回避した。

七六年三月に、突然辞任を表明した。その時、一〇年以上も前に対処した問題にまた直面していることに、うんざりしていると述べた。党内の人々は、ウィルソンのエネルギーや関心が衰退していることを見て取った。ウィルソンは、彼の後継者となったJ・キャラハンに、多くの問題を残して去った。

批評者は、ウィルソンが日和見《ひよりみ》主義で、政権を獲得して維持し、党を担うことだけに関心を持っていて、原理原則のために政治をすることはなかったと批判する。六〇歳で辞任すると、庶民院でも貴族院でも孤立していた。

第2部

脱落と混迷

1976～1994

Leonard James Callaghan

Michael Mackintosh Foot

Neil Gordon Kinnock

John Smith

4章 たちはだかるサッチャーの壁

ウイルソン辞任、キャラハン登場

一九七六年三月一一日、六〇歳の誕生日の直後、一三年間党を率い、四度首相となったウイルソンが突然辞任を表明した。しかし、それは「突然」ではなかった。議会労働党が彼の後継者を選ぶまで、三週間待ったからである。空白となった党首に、J・キャラハン外務大臣、M・フート雇用大臣、D・ヒーリー財務大臣（↓七一ページ）、R・ジェンキンス内務大臣（↓五一ページ）、T・ベンエネルギー担当大臣（↓九五ページ）、A・クロスランド環境大臣（↓五七ページ）の六人が立候補した。二回の投票後、キャラハンとフートの戦いとなった。四月の最終投票で、キャラハンが一七六票、フート一三七票となり、キャラハンが勝利した。

左派の票が予想より多かったが、右派の有力候補R・ジェンキンスが、第一回投票で退任したことが、キャラハンに有利に働いた。新政権で、E・ショートとB・キャッスルは辞任し、フートが地方への権限移譲を担当する枢密院議長、A・クロスランドが外務大臣、P・ショアが環境大臣となった。四人の新大臣が誕生し、M・コックスが院内総務となった。

七六年から七七年に、政府は再び少数与党になった。前の大臣J・ストーンハウスが多額の負債をかかえ、スキャンダルで辞任したためである。夏に、労働組合会議が二年目の賃金抑制に合意した。税控除の見返りに、週当たり二・五ポンドを最低、四ポンドを上限とし、賃上げは四・五%に抑え込まれた。九月に、R・ジェンキンスが、共同市場の委員長になるようにキャラハンから招聘《しょうへい》され、わずかの人事交代が行われて、右派が強化された。

J.キャラハン
(Callaghan,Leonard James/1912~2005)
⇒p.134

そうした中、低迷していた左派が、意気を吹き返しつつあった。左派は、業績悪化の会社を引き取る国家企業局の設立を行う七五年の産業法にもかかわらず、さらなる国有化を求めた。トリビューン派の考えは、全国幹部会に広がり、右派の大臣と激しく対立した。九月の党大会は、外務大臣の主張にもかかわらず、**欧州議会**[1]への直接選挙の反対や、手形決済銀行や保険会社の国有化を求めることを宣言した。一〇月、フートが、一六六対一二八で右派のウイリアムズを破っ

1 欧州議会(European Parliament)▽ヨーロッパ石炭鉄鋼共同体(ECSC)の「共同総会」に始まる組織。後に、「EU」の立法機関として重要性を増していくが、一九七三年にイギリスが「EU」前身の「EC」に加盟した段階では各国の諮問機関的な位置づけだった。直接選挙が実現するのは七九年から。なお、イギリス加盟時は、フランス、西ドイツ、イタリア、ベルギー、オランダ、ルクセンブルク、アイルランド、デンマークの9ヵ国で構成。

て、議会労働党副議長に選出された。続く議会で、さらに国有化が進められた。航空機ならびに造船法案である。同法案は、七七年三月に法案書に掲載され審議に付されることになった。

輸出は好景気からは程遠いものであった。失業もインフレも高止まりしていた。七六年の秋には、ポンドのさらなる下落が生じた。ヒーリー財務大臣は、国際通貨基金からのローンを余儀なくされた。国際通貨基金は、当然のごとく、公共投資の抑制、公共部門の借入条件の厳密化を求めた。失業率が高い時にこのパッケージを受け入れることについて、労働党支持者に大きな批判があった。ヒーリーは、二月、六月に加えて、さらなる支出削減を行った。議会労働党は、二六人の議員が支出削減を認める政府の動議に反対した。労働党の力はさらに弱くなった。

七月に、二人のスコットランド労働党の議員が、権限委譲を加速させるためスコットランド労働党を設立した。一一月には、補欠選挙で、労働党の二議席が保守党に奪われた。政府は、スコットランドとウエールズについての権限移譲法案で結束し、スコットランド国民党とウエールズ国民党から支持を確保した。しかし、何人かの労働党議員が、この法案を審議する日程を決める動議に反対した。有能な人材であったA・クロスランド外務大臣も亡くなった。

この時点で、労働党は過半数割れという最大の危機に落ち入った。保守党は、解散選挙に舵を切った。七五年にヒースを継いだサッチャー党首は、不信任動議を提出した。キャラハンとフートは連立を模索し、北アイルランド統一党との交渉の後、**自由党**[2]の**D・スティール**[3]党首と協定を結んだ。スティールは、労働党自由党諮問委員会が政策を検証し立法案を追求する見返りに、労働党への支持を表明した。自由党は、地方への権限委譲計画の復活と欧州議会への直接選挙に関心を持っていたのである。労働党は、それを実現する法案を準備することを表明した。結果、保守党サッチャーの不信任案は否決された。それでも、労働党や自由党の人気は回復しなかった。

党勢の衰退と政権の混乱

労働党政府の弱さは、議会外組織の弱さでもあった。党員は、名目の党員数よりもはるかに下回っていた。一九六一年以降、選挙区労働党は、党大会へ代表を送るために最低一〇〇〇人の党員を求められていた。七四年に報告された党員は六九万二〇〇〇人であったが、政党に対する資金助成について検討したホートン委員会は、選挙区労働党の平均党員数が五〇〇人であることを明らかにした。これは、選挙区労働党の少数派（すなわち左派）が選挙区委員会を掌握し、議員を放逐できることを意味した。党の中央機関は、戦闘的（トロキスト）集団の影響について詳細な報告を求めたが、左派が多数の全国幹部会では棚上げにされた。

2自由党（Liberal Party）▽一七世紀に王権制限を主張したホイッグ党が起源。一九世紀後半には産業界や地主階級の利益を代表する自由主義的政策を掲げ党勢を拡大。当時「二大政党」とは保守党と自由党を指す。第一次大戦勃発時の首相アスキス、その後のロイド・ジョージはともに自由党出身。しかし両派に分裂し党勢が衰退。一九八三年、社会民主党と連合、八八年に合同、八九年から自由民主党（Liberal Democrats）となる。

3D・スティール（Steel.David／一九三八～）▽一九六五年に、二七歳で庶民院議員に当選。翌年、合法的な中絶を認める提案を行い、世論から高い評価を受ける。七六年から八八年まで自由党首。八一年頃から社会民主党との連合に動き、自由民主党結成への道を開く。九七年まで議員を続けた。

一九七七年初頭、党幹部は、「浸透」すなわち組織を支配する陰謀的な試みの調査を決定したが、「トロキスト的見解を党規律では押さえ込めない」という主張で終わりとなった。右派的な態度を理由に選挙区管理委員会から再指名を拒否された議員は、ニューハム北東選挙区のR・プレンティスであった。彼は、七七年一〇月、労働党を辞して即座に保守党に加わり批判を表明した。

政府の命運が転換したのがこの時である。七七年夏までに、二年間の社会契約が、賃金上昇やインフレにまで及びはじめた。労働組合会議は集団交渉に回帰しようとしたが、キャラハンとヒーリーは、回帰が秩序あるものでなければならないと主張した。賃上げは一年だけとされ、最大限一〇%と可能な水準に抑え込まれた。政府圧力で、雇用側も組合もこの水準を守ることになった。同じ時期に、北海油田が貿易収支を改善させ、ポンド高を促進した。インフレにも望ましい効果をもたらした。一〇月のブライトンでの党大会は、左派と右派の緊張を考慮してか、奇妙なほど融和的であった。一〇月末までに、世論調査は、労働党の支持率が保守党と同じ水準にあることを明らかにした、選挙の展望は明るいように思えた。

七八年に経済は回復した。北海油田の生産拡大は、貿易収支を赤字から黒字に変えた。ポンド価値が上昇し、インフレも一けたに納まった。失業も減少し、生活水準も八%を超えて上昇した。それにもかかわらず、政府は大きな圧力にさらされていた。政府は、自由党との連立で政権を保っていたが、自由党は政策協定の実現に失望していた。自由党が求めていたヨーロッパ経済共同体（EEC）の選挙に比例代表制を導入する提案は、七七年一二月の自由投票で四人の大臣と多くの労働党議員の反対で否決された。七八年五月、自由党首D・スティールは、七月に議会が終わると、以後の連立を解消すると発表した。

そうした中、議会ではスコットランドとウエールズに対する権限移譲法案が、審議日程に載り、国民投票での賛成が、四〇％を上回る必要があることを条件に修正されて成立し、七九年に国民投票が両地域で行われることになった。世論調査では、労働党に対する支持が回復しつつあった。秋に総選挙を実施することが期待された。しかし、キャラハンは、早期解散に反対した。大きな失敗であった。

賃金抑制は、難しくなっていた。キャラハンとヒーリーは、七八年から七九年の政労使間の協定で五％を設定しようとした。物価が下がっていること、さらに一〇％の協定が設定されていた時に、実際には一四％近い賃上げになっていたことなどを考えると、提案は理にかなっていた。しかし、労働組合会議も年次の労働党大会でも、政労使間の協定から離れて、組合と使用者との自由な集団交渉で決めることに戻ることを要求した。キャラハンはそれを認めた。

左派の勝利でもあった。それは同時に、ウイルソンから続いた政労使の三者協定すなわち「社会契約」政治の終焉であった。「トリパーティズム（三頭政）」ないしイギリス型「コーポラティズム」体制の終わりである。必然的に、それは社会混乱をもたらすことになった。**《不満の冬》**[4]の到来である。新たな政治を構築できない労働党は、ますます窮地に追い込まれた。

4《不満の冬》（Winter of Discontent）▽シェークスピアの『リチャード三世』の冒頭「我らの不満の冬がようやく去り……」に基づく。一九七九年初めのイギリスは記録的な悪天候で寒く、経済活動が停滞。そこに労働組合のストライキが重なり、公共サービスが低下したため、市民の不満を象徴する言葉として広く使われた。

《不満の冬》そして解散

一九七八年から七九年の冬にかけて「社会契約」が崩壊した結果、各組合は、それぞれの職場で自由に賃金交渉を開始した。それは、《不満の冬》につながった。フォード自動車では、一五％の賃上げを求めてのストライキが続き二カ月にわたった。

政府は、組合に譲歩する企業に制裁を加えようとしたが、提案は否決された。クリスマス期間中の放送中断を回避するために、英国放送協会（ＢＢＣ）の技術職員に一五％の賃上げが認められた。七九年一月には、大型トラックの運転手がストライキを行い、「二次ピケ」を含め攻撃的な行為に走った。運輸一般労働組合は、市民の批判に配慮してピケを避ける「行動倫理綱領」を作成したが、救急隊員、上下水道職員、市職員など公務員のストライキが続いた。

厳しい《冬》の中で、当然のように、市民の組合に対する批判が高まった。道路は除雪されず事故が頻発した。「国民アセスメント」と称した「社会契約」を復活させる試みが行われたが、何の成果も得られず、保守党のサッチャーは「意味のない空虚な椿事《ちんじ》」とあざ笑った。政治混乱が社会混乱につながり、先の見えない暗い冬が続いた。

こうしたなか、自由党との連立を解消した労働党政権は、スコットランド、ウエールズの両国民党との連立に生き残りをかけた。七九年三月に、スコットランドとウエールズで、両地域に権限移譲をなす国民投票が行われた。政府は、権限委譲と引き換えに、両国民党からの支持を期待していた。

結果は、政府の期待を裏切った。スコットランドでは、三三%対三一%で賛成であったが、条件とされていた選挙民の四〇%を超える賛成は得られなかった。ウエールズでは、一一・九%対四六・九%で否決された。結果を受けて、三月二八日に、内閣に対する不信任投票が行われた。スコットランド国民党の支持を失った労働党政府は、一票差で負けた。キャラハンは議会解散を余儀なくされ、五月三日の選挙となった。

サッチャー保守党政権の誕生

七九年の選挙キャンペーン中、キャラハンの「親しみのある伯父さん」を思わせる政治スタイルは、サッチャーの人をいらだたせるような政治スタイルよりも好評であった。労働党のマニフェストーは「労働党の道は、よりよい道」（The Labour Way is the Better Way）と、全国幹部会が主張したよりも穏健なものであった。

七七年の党大会で決定された貴族院の廃止は、マニフェストーに掲げられなかった。国有化も「商業港と貨物」だけにされた。全国企業局の拡大、前議会から積み残された資産課税の導入が提起された。中等教育改革の総合制中等学校は「八〇年代の完成」を目指すことにされた。年金の増額、住宅助成、無料診療を含めた保健サービスの改善などが示された。

保守党の政策は、労働党よりも、目前の課題に対応したものだった。労働対策では、ピケやクローズド・ショップ制の改革、組合の決定で秘密投票を採用することなどが提起された。所得税の減税が提起された。航空機と造船の売却、国家企業局の縮小など、民営化が提起された。その点で、保守党と労働党の政策は対照的であった。自由党が指摘した比例代表制の導入、ＥＥＣへの加入、直接税から間接税への転換などの政策は、ほとんど注目されなかった。

労働党は、組織の改善もなく選挙戦に突入していた。党員は減少し、一五〇〇人ほどの党員を抱える選挙区は、二五選挙区だけになっていた。専従の運動員は七〇人までになり、接線選挙区のすべてを満たせない状態であった。資金も不足していた。一般市職員組合のＤ・バスネットを中心に「労働党の勝利のための組合」と称する団体がつくられたが、気休めにすぎなかった。他方保守党は、広告会社サッチ・アンド・サッチが用意周到に準備した選挙戦を展開した。資金も潤沢で、専従も三〇〇人ほどになっていた。

最終的に、保守党は五五議席増で三三九議席に躍進した。労働党は、四〇議席を失い二六九議席に後退した。自由党は三議席を失い一一議席であった。スコットランド国民党は一一議席中九議席を失い、ウエールズ国民党も三議席から一議席へと厳しい結果に終わった。得票率も、保守党は三五・八％から四三・九に上昇し、労働党は三九・二％から三六・九％に減少した。

イングランド南部では労働党から保守党へ七％にも達するスイングがあり、保守党の地域であることが鮮明になった。労働党は敗北したが、スコットランドのスイングは一％であった。ロンドン周辺は労働党の金城湯池であるが、ロンドン通勤圏で議席を確保していた人気の女性議員Ｓ・ウイリアムズも負けてしまった。「南の保守、北の労働」と、地域の違いを鮮明にした選挙であった。

選挙結果を踏まえ、五月四日、キャラハンは首相を辞した。女王は、即座にサッチャーに組閣を依頼した。キャラハンは、「わが国の政治史上で初めて女性首相となる人にとって、至高の時を迎えた」と祝意を表して政権を去った。労働党の長い野党暮らしの開始であったが、労働党はそれを知る由もなかった。

総選挙の一ヵ月後、欧州議会（↓八五ページ）の最初の選挙が行われた。イギリスには、八一議席（うち、北アイルランド三議席）が割り当てられた。選挙結果は、労働党を失望させた。労働党支持者の多くは、ヨーロッパ議会を拒否し、多くが棄権した。イギリス全体でも関心が薄く、投票率は三二・七％にとどまった。労働党の得票率は三三％で、一七議席を確保しただけであった。他方、保守党は、五〇％の得票で六〇議席を確保した。自由党は共同市場に高い支持を表明したにもかかわらず議席が得られず、スコットランド国民党が一議席を確保した。

労働党は、B・キャッスル（↓四五ページ）を、労働党の欧州議会議員の代表に選出した。彼女は、農産物価格を上げることに反対し、地域開発政策と社会政策への支出拡大を求めて尽力したが、欧州議会でも労働党の影響力は乏しいままであった。

"Red Queen"と呼ばれたB.キャッスル(Castle, Barbara Anne／1910～2002)と、"Iron Lady"と呼ばれたM.サッチャー(Thatcher, Margaret Hilda／1925～2013)、2人の伝記。

Anne Perkins, Macmillan, 2003. : John Campbell, Penguin Books, 2011.

キャラハン辞任、フート党首となる

五月に議会が招集されると、労働党はキャラハンを党首に、フートを副党首に再選した。一二人の前大臣が議会委員会に選出された。左派の**T・ベン**[5]は、その選挙に出なかった。一議員に戻って、かつての同僚を自由に批判する道を選んだ。彼は、全国幹部会で多数を占める左派を代表していたから、労働党の先行きに不安を与えた。

サッチャー保守党政権は、厳しく政策を進めた。財務大臣のハウ卿は、所得税を三三%から三〇%に、最高税率を八三%から六〇%に下げ、約束した政策を実行した。付加価値税（VAT）は、八%から一二・五%であったものが一律に一五%にされた。前財務大臣ヒーリー（→七一ページ）は、「インフレを抑え込むための五年間の痛みを伴う努力が、わずか一〇分で吹き飛ばされた」と評した。七月までに、物価が一五・六%まで上昇した。厳しいマネタリスト政策では、金利の上昇が予想されたが、その通りになった。ポンド高となり、輸出企業の収益が下がり、従業員の解雇が続いた。失業が増大し、八〇年の終わりまでに二二五万人に達した。

労働党は保守党の政策を批判することでは一致していたが、それ以外はバラバラであった。左右の対立が続き、混乱は納まらなかった。全国幹部会の多くは、左派のべ

T.ベン（Benn, Tony／1925~2014）の伝記《The Benn Diaries》

Tony Benn, Cornerstone, 1998.

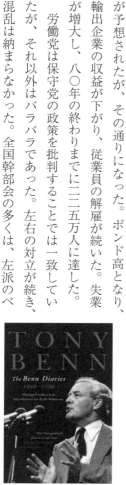

ンを支持した。彼はまた、「労働党調整委員会」と称する党内集団に支持されてもいた。彼らは、キャラハンやヒーリーの失敗を批判し、政党綱領の改正を狙った。

三つの提案がなされた。第一は、党首を議会労働党の議員ではなく、より大きな党の機関で選出すること、第二は、選挙区労働党に、選挙区の議員の再立候補を認めるか否かの決定権を委ねること、第三は、マニフェストーの管理と統制を議会外の幹部組織に移すことである。これらは、七九年秋のブライトンでの党大会で議論された。第一の提案は否決された。第二と第三の提案は、八〇年の党大会での政党綱領の改正を待つという条件で決定された。この党大会で、サッチャー政権が民営化した産業分野を再国有化することが圧倒的多数で決定された。最後に、政党組織と政党資金を調査する委員会が立ち上げられた。

一九八〇年五月三一日、ウェンブリーで特別会議が開かれ、派閥の妥協を狙い、政府を批判する『平和、職、自由』と題された文書が提起され議論された。この会議には、ベンには熱狂的な、キャラハンやヒーリーには冷ややかな空気が流れていた。選挙区代表は、ベンを自分達の代表ととらえ、キャラハン達に厭《あ》きを表明していた。ベンは、この会議で、どの選挙でも利用できる政策を構想し、それに基づいて党活動を展開する「回転するマニフェストー」をつくるべきと語った。

八〇年春、労働党本部は、運輸組合から借りていた運輸会館から、ロンドン南部のウォルワース・

5 T・ベン（Benn, Tony [Anthony Neil Wedgwood]／一九二五～二〇一四）▽一九五〇年に当選以来、二〇〇一年まで庶民院議員を務めた。技術相、産業相、エネルギー相を歴任。労働党“Hard-left”の代表的政治家で、後にアメリカの対テロ戦争に加担したブレア政権を強く批判。核廃絶を訴え広島にも訪れている。

ロードに移転し、そこで、「回転するマニフェストー」をつくる幹部会合が持たれた。マニフェストーでは、核軍縮、貴族院の廃止、国有化の拡大が提起された。欧州経済共同体加入の前提として、共通農業政策の根本的な改革も提示された。

八〇年のブラックプールでの労働党大会は、組合票の割合を組合有利に変えられたが、エンジニア組合は反対した。その結果、マニフェストーに対する外部組織の統制を求める提案も否決された。現職議員を再選するか否かの決定権を選挙区労働党に与える提案は、過半数をわずかに上回って認められた。選挙人団を構成して党首を選出することも認められた。しかし、選挙人団をどう構成するかは、八一年一月に開催する特別会議の決定に委ねられた。核軍縮を圧倒的多数で認めたが、北大西洋条約機構からの脱退は否決された。調査委員会が勧告した政治献金の増額は受け入れられた。

党大会直後、キャラハンが辞任した。党首を選ぶ選挙は、これまでと同じやり方、議会労働党の議員の投票で行われた。ベンは、新しい選挙法が導入されない限り控えると述べ、立候補しなかった。第一回投票で、D・ヒーリーが一一二票、M・フートが八三票、J・シルキンが三八票、P・ショアが三二票となった。一一月一〇日の第二回投票で、第一回投票で負けたシルキンとショアがフートを支持し、フートが一三九票を獲得して党首に選出された。ヒーリーは、一二九票に終わった。フートは、キャラハンより若かったがすでに六七歳であった。

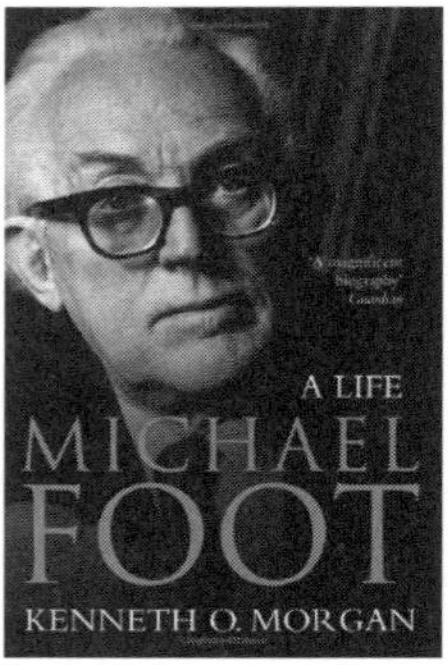

M.フート
（Foot, Michael Mackintosh／1913~2010）の伝記《A Life》
⇒p.136

Kenneth O. Morgan, Harper Collins, 2007.

左派を自認する人物が党首に選ばれたのは、一九三二年のG・**ランズベリー**[6]以来であった。フートは、核軍縮を主張し、ヨーロッパ経済共同体加盟にも反対していたが、ウイルソン、キャラハン政権で閣僚を経験したことから政治的には中道になっていた。ヒーリーは、反対もなく副党首に選ばれた。議会労働党も、右派の議員からなる影の内閣を組織した。それでも、党内の対立は収まらなかった。

離党者たちが「社民党」を結成

影の内閣に選ばれたW・ロジャースは、労働党が左派に傾斜することに不満だった。ロジャースは、六月になると、**D・オーエン**[7]やS・ウイリアムズとともに、労働党がヨーロッパ経済共同体からの撤退を求めるなら党を離れると宣言した。「三人のギャング」と称された彼らは、労働党を離れていた元の大臣R・ジェンキンスと接触した。欧州委員会代表の職を終え、イギリスに戻ったジェンキンスは、七九年一一月BBCテレビで講話し労働党と対立していた。「急進的

6 G・ランズベリー（Lansbury. George／一八五九～一九四〇）▽「デーリー・ヘラルド（Daily Herald）」を創刊し、編集長を務めた。一九一〇年から一二年、二二年から四〇年まで庶民院議員。三二年から三五年まで労働党首（次代がアトリー）。社会主義者でかつ英国国教会の熱心な信者でもあった。

7 D・オーエン（Owen.David Anthony Llewellyn／一九三八～　）▽一九六六年、庶民院議員となり、キャラハン内閣で外相。八一年、労働党を離れ、社会民主党創設に加わる。八三～八七年、党首。八八年の自由党との合同には反対し、反対派同志と新たな「社会民主党」を結成。九〇年に同党を解散、九二年に貴族院議員となる。

中道」の創設を提唱したからである。しかし、自由党に加わることを望んでないようであった。八一年一月二四日、労働党は党首選挙の選挙人団をどう構成するかの特別党会議をウェンブリーで開いた。会議は、投票の割り当てを、組合四割、選挙区労働党三割、議会労働党三割に決定した。次の日、「三人のギャング」は、D・オーエンの家でR・ジェンキンスと会い、「ライムハウス宣言」と称する文書を発表し、「イギリスは政治再編に直面している」と述べた。メディアは「四人のギャング（Gang of Four）」と称し、彼ら自身も「ガーディアン」紙に広告を出し、市民から支持と資金の調達を画策した。

三月に、社会民主党（社民党／The Social Democratic Party［SDP］）がつくられた。メディアや市民の関心が拡大した。世論調査も三月中旬になって、社民党が三〇％の支持を確保し、他の政党を上回っていることを明らかにした。社民党が何の政策も提示していないことを考えると、高い支持は既存の政党に対する不満の表れであった。社民党への支持は、中産階級と中年層が中心であった。

S・ウイリアムズと彼女の組合の同僚T・ブラッドリーが、二月に労働党全国幹部会を辞した。三月には、一三人の労働党議員が離党して社民党に加入した。ノフォーク北東選挙区の保守党議員C・ブロックルバンク・フォーラーも加入した。

社民党が、労働者の多い選挙区で勝利できるか

新党への協力を呼びかける「4人のギャング（Gang of Four）」の面々。右から、D.オーウェン、W.ロジャース、R.ジェンキンス、S.ウィリアムズ。

どうかは定かでなかった。Ｒ・ジェンキンスが、七月のワリントン選挙区の補欠選挙で実験した。労働党が過半数を一万以上も上回っていた選挙区で、社民党が四二・四％の票を得て勝利した。その年の夏、社民党と自由党は、次の選挙で連合することに合意した。二大政党制の揺らぎが、様々に指摘された。

春になると、ベンが副党首に立候補すると表明した。フートは、ベンとヒーリーの間で選挙区労働党と組合の票の取り合いが続くと予想し、その長期化をひどく嫌った。フートはベンを呼んで、「党首の自分に戦いを挑め」と言ったが、ベンは聞く耳を持たなかった。結果的に、夏の間中、ベンとヒーリーの戦いが続いた。

党内対立収束せず、出口も見えず

メディア批判が高まる中、組合員の意見を掌握して党大会や幹部会に伝える各組合の方法が、最も少ない意見を多数意見として伝えるなど、極めて恣意的であることが明らかにされた。副党首を選ぶキャンペーンは、ブライトンでの党大会を前に頂点になった。五〇・四％対四九・六％の接戦で、ヒーリーが再選された。選挙区労働党の五分の四以上がベンを支持したが、ヒーリーは労働組合と議会労働党の三分の二を確保した。直後の党大会で、労働組合が右派に変化しつつあることが明らかになった。左派の幹部の何人かが敗北した。党の支配は、フートを代表に穏健な左派に逆転した。しかし、ヨーロッパ経済共同体からの脱退を求める決定が、圧倒的多数で認められた。労働党の統一は、道半ばであった。

労働党から社民党への転向は、ヒーリーが勝利することで回避された。しかし、三〇〇万の失業者、軍縮キャンペーンを強力に推し進めていることを考えれば、補欠選挙での労働党の負けは当然であった。一〇月のクロイドン北西選挙区では、自由党の候補者が、社民党の支持を得て四〇％の得票で勝利した。労働党は、四〇％から二六％に落ち込んだ。

次は、ランカッシャーのクロスビー選挙区であった。七九年の総選挙で一万九千票も過半数を超えて保守党が確保した議席は、中道連立候補のS・ウイリアムズに奪われた。労働党の候補者は、供託金を失う惨敗であった。八一年末までに、二三人の労働党議員が社民党に加わった。八二年三月二五日、R・ジェンキンスがグラスゴー・ヒルヘッド選挙区の補欠選挙で保守党から議席を奪った。議会に返り咲いた彼は、社民党を率いることになった。

一年後、社民党は二九人になった。中道政党の台頭、収束しない党内対立も、労働党の将来を暗いものにした。政策開発も進まなかった。労働党は、出口が見えない状況に陥っていた。

フォークランド紛争の「政治的」衝撃

ジェンキンスが補欠選挙で勝利した数日後、イギリスの政治状況は大きな変化を迎えた。一九八二年四月二日、アルゼンチンのガルティエリ軍事政府が南大西洋のイギリス領**フォークランド諸島**[8]に侵攻したのである。

アルゼンチン沖のフォークランド諸島は、大英帝国の植民地支配のなごりであった。牧羊業を営むわずかの人々の利益を守るために、イギリス政府は高い代償を払い続けていた。

外務副大臣のN・リドリーは、条件付きで主権を譲渡する案を議会に提出したが、大英帝国の幻想を捨てきれないフォークランド支持議員によって提案は退けられた。サッチャー首相は、キャリントン外務大臣が反対していたにもかかわらず、防衛費削減として常備の哨戒船をフォークランド諸島から引き上げさせた。この機に乗じて、ガルティエリ軍事政権がフォークランド諸島に侵攻した。サッチャーの失敗であった。

アルゼンチンの動きを予想できなかった責任を取って、サッチャーではなくキャリントン外務大臣が辞任した。F・ピムが後を継いだ。平和的な解決を求めていたピムの努力をアメリカが仲

---

8 フォークランド諸島（Falkland Islands）▽スペイン語名「マルビナス諸島（Islas Malvinas）」。アルゼンチンの沖約五〇〇kmにあり、東フォークランド島と西フォークランド島、および七〇〇以上の小島からなる。総面積は約一万二〇〇〇平方km（秋田県より大きく長野県より小さい）。一六世紀以来、イギリス、オランダ、フランス、スペインが進出。一九世紀前半にはアルゼンチンも植民を行う。一九世紀半ばからイギリスが本格的な占領を行い、海外領土化した。

介したが、成果をもたらさなかった。サッチャーは、フォークランド諸島を奪還するために軍を派遣すると表明した。意外なことに、フート労働党首も、アルゼンチン政府を「ファシスト」と批判し、軍の派遣を支持した。戦闘行為が早い段階で開始された。

五月三日、イギリスの潜水艦が、アルゼンチンの巡洋艦ベルグラノを撃沈した。数日の内に、軍艦シェフィールドが失われ、アルゼンチン軍の空襲で多くの犠牲者を出すことになった。しかし、イギリス軍が島に上陸すると、島の中心地ポートスタンレィに向けて効果的に侵攻した。六月四日、アルゼンチン軍は、数的に有利であったにもかかわらず降伏した。

ほぼ一ヵ月の間に、軍人と民間人を含めて二五五人のイギリス人の命が失われた。しかし、勝利とナショナリズムの高揚の中で、犠牲者には大きな関心が向けられなかった。サッチャーの政治的失敗も忘れられ、彼女の「不屈の闘志」だけが注目されて支持が拡大した。タブロイド紙のナショナリステックな戦争報道がそれを支えた。フォークランド戦争の効果は、数ヵ月にわたって続いた。世論調査で、サッチャーへの支持が伸び、政党支持率までに拡大した。七月には、保守党の支持率が四六・五％となり、労働党は二七・五％、自由・社民連合は二四％にまで落ち込んだ。

組合は「中道左派」を支持

労働党の政治的回復は、党内対立で進まなかった。何人かの議員は、選挙区の再選手続きで、候補者から外された。バーモンゼイ選挙区では、前院内総務のR・メリッシュが、再立候補を阻止された。彼は、一九八二年八月に党を離れ議員辞職を明らかにした。六月に、全国幹部会は、**《ミリタントグループ》**[9]を「党中党」と規定し、党綱領に反すると考えるべきだという党書記長の勧告を承認した。この勧告は、一〇月のブラックプールでの党大会で圧倒的多数で認められた。一二月になって、《ミリタントグループ》の指導者達が高等裁判所に控訴したが、認められなかった。その後、全国幹部会は、フートが会議で「弊害の多い不法行為」と称した一連の決定を再確認した。

一九八二年の党大会で、多くの組合は、フートや彼の支持者である「中道左派」に対する支持を表明した。選挙区を支配し、ベンを指導者とする「極左」には、ほとんど支持が与えられなかった。その結果、党大会は核軍縮を圧倒的多数で認めたが、全ての銀行の国有化を求める提案は否決された。また、労働組合会議との協定で賃金決定をなす「全国経済協定（ＮＥＡ）」の設置提案も受け入れた。

サッチャー政権は、失業の増加を認めて、賃金インフレを阻止する策を実施していたが、目覚ましい経済回復は見られなかった。結果的にこの年、失業者は三〇〇万を超えた。鉱山労働者を含めいくつかの戦闘的な労働組合さえ、組合執行部からのストライキ要請を拒否した。インフレは、一月に一二％であったものが、一二月には五・四％にまで下がることになった。

9《ミリタントグループ》（The Militant Group）▽直訳すれば「戦闘的な集団」。具体的には労働党内で、より社会主義的な政策の実現を主張する左翼強硬派グループ。

八三年二月になって、メリッシュの辞任に伴うバーモンゼイ選挙区での補欠選挙が実施された。労働者が圧倒的なこの選挙区で、自由党の候補者が圧勝した。《ミリタントグループ》の若い候補者はホモセクシャルを公言し、タブロイド紙の攻撃もあって惨敗した。

三月になると、接戦選挙区であるダーリントン選挙区で、労働党の候補者が議席を確保し、わずかながら労働党の自信が回復した。五月初頭に地方議会選挙が行われた。第三政党が伸長していたが、戦いの中心は保守党と労働党の争いであった。労働党は三六選挙区からなるロンドン・メトロポリタン選挙区の三分の二を制したが、わずかな議席増に留まった。政治展望は明るくならなかった。

八三年総選挙、低迷とまらず

地方選挙の結果が発表された数日後、サッチャーは議会解散を決定した。一九八三年六月九日に総選挙が行われることになった。フートは、「大あわての選挙」と称した。保守党への支持が秋までに低下すると読んでいたから、サッチャーには当然の選択であった。

五月一一日に採択された労働党のマニフェストーは、「イギリスの新たな希望」（The New Hope for Britain）と題された。マニフェストーにおける核軍縮の記述は、「いずれかが成功するなら、核軍縮をイギリス一国で進めることと多国籍で進めることを調和させる」など、はっきりしないものであった。ヨーロッパ経済共同体（ＥＥＣ）についても、「イギリスが共同体から撤退することは正しい政策である。次に開会される議会で決められるべきである。しかし、われわれは友好的で秩序ある方法で撤退を行う。雇用を犠牲にしてはならない」とし、同じようにはっきりしなかった。

他方で、失業者を五年間で一〇〇万以下にするとして、財政支出の拡大を謳った。保守党はそのマニフェストーで、労働組合の力を削減する立法、ロンドン・メトロポリタン政府の廃止を進める立法を約束した。また、国有企業の民間への売却、民営化の実行を約束した。

労働組合は、サッチャー政権が八〇年と八二年の雇用法がもたらした組合の権限や責任の削減に怯えていた。選挙を前に、大きな組合の多くは連帯して「労働党勝利のための労働組合」と称する組織を立ち上げた。それは、それぞれの組合の政治資金の利用についての統制力を組合に与えるためでもあった。労働党がどれだけの便宜を得られるかわからなかったが、選挙資金は目標を上回り二〇〇万ポンドを超えた。

しかし、選挙運動員の不足を補うことにはならなかった。労働党専任の運動員は、六三人まで落ち込んでいた。それに対して保守党は、三二〇人に達していた。条件が同じ選挙とは言えない状況であった。キャンペーンを通じて、保守党は世論調査で先行した。これまでの選挙キャンペーンと異なる傾向があった。支持率でいつも第三党の位置にあった自由・社民連合が、選挙が近づくにつれ労働党に近づきつつあった。

防衛政策における労働党内の不一致も、キャンペーンに影を落としていた。副党首のヒーリー（→七一ページ）は、ソビエト連邦から十分な譲歩を得られるなら、労働党が政権を取ったら核弾頭を装備したミサイル「ポラリス」搭載の潜水艦を放棄すると述べたが、キャラハンは、耐用年数を超えて、一二年の年数に越えてさらに一〇年「ポラリス」潜水艦を用いると述べていた。

さらにまたヒーリーが、フォークランド戦争に触れて、「サッチャーは殺戮《さつりく》を自慢している」と述べた。この戦争で英雄となりビクトリア十字勲章を受けたH・ジョーンズ大佐の未亡人がそれを非難し、ヒーリーが前言を撤回する事件も起きた。これも、選挙に影響を与えたようであった。

選挙区変更で、庶民院の議席は六三五議席から六五〇議席となった。第三政党の台頭という新たな状況で、保守党の勝利が明白となった。保守党の得票率は一三〇〇万で、四二%の得票率であった。七九年総選挙の得票数と得票率には及ばなかった。フォークランド戦争の熱狂は、続かなかったのである。

しかし、労働党から保守党へ三・九%程度のスイングがあり、労働党は低迷した。得票数は、八五〇万と落ち込み、得票率も二五・四%にとどまった。自由・社民連合は、七八〇万の票を得て、二五・四%の得票率となった。保守党は、六五議席増となり、三九七議席を確保した。労働党は、二九議席を失い二〇九議席となった。一九四五年以降最低の議席であった。**自由・社民連合**[10]は、労働党に近い得票率を確保したが、三〇〇を超える選挙区で二位となり、自由党一七議席、社民党六議席と、二三議席にとどまった。自由党は四議席増であったが、社民党は二三議席を失った。

労働党はイングランド南西部で一議席確保したが、南部、南東部では〇議席となった。左派のベンも、ブリストルの新しい選挙区で敗北した。小選挙区の制度的影響で大きな議席減となった社民党では、「四人のギャング」の一人であるB・ロジャースが議席を失った。S・ウイリアムズも、クロスビー選挙区の議席を失った。四人の一人、R・ジェンキンスが望んだ「二大政党制の鋳型を打ち壊す」ことにはならなかった。

フォークランド諸島へイギリス軍が出港したイングランド南部のポーツマスでは、保守党へ九%のスイングがあり、他方で、失業が悪化していたイングランド北西部の港町リバプールを中心としたマージーサイド都市圏では労働党へのスイングがあり、労働党が二議席増となった。「南の保守、北の労働」をさらに鮮明にした。

キノック党首の出現

総選挙直後、フートは、次の党大会で党首を辞任すると発表した。ヒーリーもまた、副党首を辞任することを表明した。

数時間のうちに、フートの中道左派を代表する者と中道右派を代表する者、それも若い議員で結束して政党を指導することができる「夢の候補者」についての相談がなされた。

一人は、スコットランド生まれのウエールズ人である四一歳のN・キノックであった。他の一人は、七六年から七九年にかけて物価・消費者保護相であったバーミンガム選挙区のヨーク

10自由・社民連合▽長い伝統を持つ「自由党」(↓八七ページ)と、一九八一年に(労働党を離党した)D・オーウェンらが結党した「社会民主党」による選挙連合。その後、オーウェンを除く労働党離党組のW・ロジャース、R・ジェンキンス、S・ウィリアムズは、自由党首D・スティールと連携を深め、八八年の「自由民主党」結成へとつながる。

シャー出身の五〇歳**R・ハタースリー**[11]であった。彼らが、対立が絶えない労働党を再統合すると考えられた。

キノックは、一九七〇年、二八歳で議員になった。ベヴァンに私淑しながら、正当な左派を自認し、弁舌さわやかでウイットに富んだ政治家としての印象をつくり上げていた。七七年に全国幹部会の一員となり、多くの争点については多数派であった左派の立場で票を投じていた。

キノックの巧みな弁舌や誰からも好かれる性格が、党内での出世を促した。八一年、フートは、彼を影の教育担当スポークスマンにした。この時、キノックは、最左派のベンが副党首選挙に立候補したことを公然と批判し、《ミリタントグループ》との対決姿勢を鮮明にした。キノックは内閣に入ったことがなかったので、以前の労働党政権に対する批判とは無縁であった。左派と中道から票を確保する点で、キノックは最適な位置にあった。

二週間もたたない内に、運輸一般労働組合が、大会に党首の問題を提起して、キノックの指名を決定した。その後の党首選で、P・ショアやE・ヘッファなどの古い指導者たちが支持を得られないことから、キノックがリードを保ち続けた。

八三年のブライトンの党大会は、八一年に採用された組合四割、議会労働党三割、選挙区労働党三割という割り当てでの初めての選挙であった。一〇月二日、キノックは組合の二九％、選挙区労働党の二七％、議会労働党の一四・八％、合計七一％を確

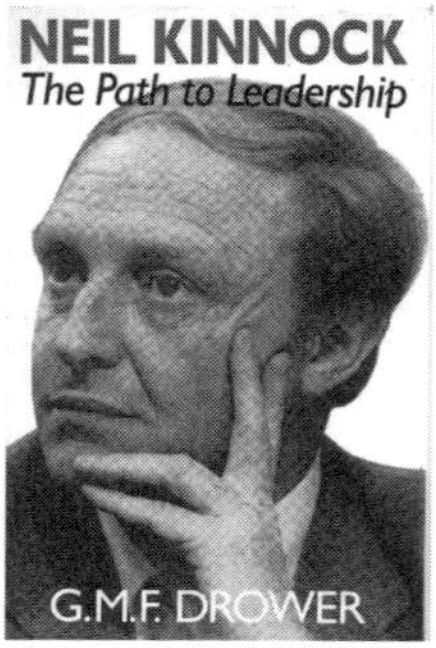

N.キノック
（Neil Gordon, Kinnock／1932~）の伝記
《The Path to Leadership》

⇒p.137

G.M.F. Drower, Littlehampton Book Services Ltd. 1984.

保して、党首に選出された。副党首選挙ではハタースリーが、左派の若手四一歳のM・ミーチャーを、組合の三五%、選挙区労働党一五%、議会労働党一七%、合計六七%を確保して圧倒した。

党大会は、新しい党首を歓迎した。党内争いを終焉させ、新たな出発をしたいという広範な願いが党内にあるようであった。また、前の党首達が選挙のために用意したマニフェストーが有権者にほとんどアピールしなかったという認識もあった。助言、調停、仲裁サービスの議長を務めたJ・モーティマーが書記長となり、八三年総選挙の敗北の原因が、組織の問題よりも不人気な政策と党内不和にあると宣言した。

ハタースリーは、ヨーロッパ経済共同体からの撤退についての曖昧な主張が原則的に間違いで、票を失ったと述べた。党大会では、ミリタント紙の五人のスタッフを除名した。しかし、全国幹部会の選挙に、ベンに加え、ミーチャーとD・ブランケットという二人の左派の新人を選出した。選挙区労働党では、左派の支配が続いていた。

一〇月に、議会労働党が新たに編成されたが、そこでは、古い議会労働党の見解と大きく異ならないことが明らかになった。キャラハン政権で主要な地位を占めていたヒーリー、G・カウフマン、P・ショアが、影の内閣に選出されたのである。キノックは、影の内閣の編成に際して、影の財務大臣となったハタースリーを別にして、ヒーリーを外務担当、カウフマンを内務担当と

11 R・ハタースリー（Hattersley, Roy Sydney George／一九三二〜）▽一九六四年から九七年まで庶民院議員。八三年から九二年まで副党首。キノックと同年ながら党務経験が長く、右派の有力者として穏健派のキノックを支えることを期待された。その後「ニュー・レイバー（新労働党）」の一人としてブレア政権誕生を準備。

して受け入れざるを得なかった。ショアは、影の通商産業相となり影の院内リーダーも兼務した。影の内閣は、ベンを除いて組織された。そのベンは、八四年三月のチェスターフィールド選挙区で行われた補欠選挙で議員に返り咲いた。

ますます強固になるサッチャー政権

書記長のモーティマーは、一九八三年総選挙の敗北の主因として党組織を非難しなかったが、労働党に深刻な組織的弱さがあることを隠そうとはしなかった。それは、選挙後も続いた。さらに労働党執行部は、労働党加入に伴って払う党費の値上げを、組合が拒否するという問題にも直面していた。組合は不況に直面していたのである。

さらに組合は、労働党に対する支持に関して、少なくとも一〇年ごとに政党加入をするか否かについての投票を組合に課す第三次労働組合改正法という政府提案に直面していた。それまでに政党加入費を払っていた六八の組合の内一二の組合で、組合員の半数以上が組合を脱退したことが報告された。それは、これらの組合で労働党への加入をめぐる投票をしたなら、加入反対となる可能性があることを意味した。それは他の組合にも及ぶ可能性があった。労働組合会議書記長のL・マレイは、新たな与党保守党の雇用担当大臣T・キングに、組合加入を自動的にせずに個人の意思に基づいて加入契約を結ぶ制度を再導入しないことを、各組合が組合からの脱退手続きを組合員に説明することを条件に説得して同意させた。

八四年春まで、キノックとハタースリーの体制は、体制発足時のハネムーン効果を得ることになった。世論調査で、労働党は一時的に保守党をリードしたからである。しかし、秋のブラックプールでの党大会までに、そのリードは無くなっていた。長期にわたる鉱山労働者のストライキ、それに対する労働党の態度が曖昧なことに、国民の関心が向かったことが原因の一つであった。党の再建は、道半ばであった。

他方で、政治的にも政策的にも脆弱であったサッチャー政権は、フォークランド戦争の勝利とその後の選挙での勝利で自信を深めつつあった。その過程で、「新自由主義的」な政策展開が固まるようになった。サッチャーは、一九世紀から二〇世紀にかけて展開された寛容と和解を中心とする庇護主義的自由主義者、保守党**《ウエット派》**[12]とは全く異なる指向を前面化した。個人の自立を説き、労働組合を嫌い、公的な保護、公営企業を否定した。こうして、反組合政策、民営化と小さな政府の政策が進められた。小さな規模の企業が増殖したが、雇用の拡大にはならなかった。

サッチャー政権は、アメリカのレーガン政権(一九八一～八九年)に共鳴しながら、「新自由主義」の世界潮流をつくっていった。サッチャー政権は、ますます強固になるようであった。他方で労働党の政権復帰は遠のくばかりであった。

12《ウエット派》(Wets) ▽サッチャーが、自らの推し進める公共事業の民営化など「小さな政府」路線に積極的でない保守党議員たちを揶揄した言葉。過去の保守党首相ヒースなども《ウェット》とされた。

5章 キノックの挑戦と失速

「まぬけな左派」からの脱却

N・キノックは、労働党全国幹部会さらにまた党大会を通じて、徐々に自分の影響力を強めていった。キノックは、党の運営にあたって新たに二人の人物を登用した。

一人は、ケンブリッジ出身で労働組合研究をしていたL・ウィティであった。彼は、書記長に任命された。もう一人は、かつてアトリーと党首選を戦ったH・モリソン（↓一一九ページ）の孫、若い**P・マンデルソン**[1]であった。彼は、新設されたキャンペーン・コミュニケーション担当に任命されて広報を担当した。二人は、キノックの政治を支えた。それは、確信があったわけではないが、明るい将来を予兆させた。

キノックは、最初に、左派が支配していたリバプールなどの地方議会に対する対応が問われた。左派が支配する地方議会は、サッチャー保守党政権に狙い撃ちされていたのである。保守政権は、地方自治体の支出を抑える目的で、固定資産税の税率に上限枠を設定した。固定資産税に上限を設定することに反対して、それを実施しない左派が支配的な地方自治体の試みを、キノックは認めなかった。それをすれば、地方議員の資格が剝奪されたり、課徴金を課せられたりするからであった。

さらに、キノックは、八〇年代中期の地方政治の最大の課題、大ロンドン市と大ロンドン議会の廃止というサッチャー政権の政策に激しく抵抗した。抵抗はかなわなかった。一九八五年七月、大ロンドン市と議会の廃止を認める法が成立した。

このように、キノックの挑戦の第一は、サッチャー政権に対する戦いであった。第二は、メディアから「まぬけな左派」と批評され、社会に広く浸透していた労働党のイメージを払拭することであった。手始めに、キノックは、八五年のボーンマスで開催された年次党大会の基調演説で、リバプール市議会における《ミリタントグループ》(→一〇三ページ)の支配を激しく攻撃した。

それをきっかけに、党大会は、キノック支持者を全国幹部会に選出した。左派のT・ベン派は、全国幹部会の少数派になった。選挙区労働党では、イデオロギー問題に代わって、政党綱領で「黒

P.マンデルソン(Mandelson, Peter Benjamin／1953〜)の著書《The Third Man》

Peter Mandelson. HarperPress, 2010.

[1] P・マンデルソン(Mandelson, Peter Benjamin／一九五三〜)▽TVプロデューサー出身。九二年、庶民院議員として初当選。キノックの広報担当として活躍し、ブレア政権で入閣。欧州委員も務めた。不和を伝えられたブラウン政権でも入閣。メディア戦略に長じ、"Spin doctor" "Prince of darkness" と呼ばれた。

人に対する割り当て」を認める要請が新たに提起されていた。それを受け、全国幹部会は、「黒人・アジア人諮問委員会」を設立することを決定した。八四年に保守党が提出した雇用法案も、労働党の資金問題に脅威を与えた。同法案は、加盟労働組合が労働党に政治資金を提供するかどうかは、組合員の再投票で決めなければならないことを要求していた。政治献金を続ける労働組合が少なくなることが予想された。

しかし、労働組合の自由な政治活動の必要性を強調する冷静に組織化されたキャンペーンの結果、政治献金をしていた全ての労働組合が継続を決定し、さらにいくつかの組合が新たに献金を決定した。八六年四月、労働党全国幹部会は、このキャンペーンを組織化した印刷連合のB・ケイと運輸一般組合のG・アレンに感謝を表明した。保守党の政治的試みに対する抵抗が実を結んだ。

労働党イメージの再生に向けて

「まぬけな左派」イメージの払拭はどうであったか。自由党と社会民主党（社民党）の連合は、世論調査のみならず、補欠選挙でも好調であった。労働党は、遅れをとっているように見えた。労働党は、八六年四月になって、フラム選挙区で保守党から議席を奪ったが、八六年の春から夏にかけて、リバプールの《ミリタントグループ》の排除に多くの時間を費やさなければならなくなった。《ミリタントグループ》が法廷に訴えて、略式決定や判断をなす全国幹部会の権限が制限されなければならないことが認められたからである。書記長のウィティは、全国幹部会とは別に、党が党規律を確立することを提案した。この提案は、八六年の年次党大会で、圧倒的多数で、「全国政党綱領委員会」の設立とともに認められた。大会はまた、同様に圧倒的多数で、リバプールの《ミリタントグループ》の排除を決定した。労働党の大きな転換であった。

同じ年の党大会の演説で、キノックは、協同組合、市の企業体ならびに全国投資銀行を含め「国有化」ではなく「社会的所有」という表現で、それらを位置づけた。政策転換の開始であった。キノックはまた、NATOへの支持を表明し、原子力兵器について、「私はイギリスのために戦い死ぬが、私のためにイギリスを死に至らせることはしない」と語り、イギリス単独でも軍縮を進めると表明した。多国間軍縮から単独軍縮への転換であった。さらにまた、すべての選挙区の候補者リストに、女性候補者を加えることが合意された。「男の労働党」イメージの払拭でもあった。

八七年総選挙に向けての戦略

一九八七年になっても、自由党・社民党連合は好調で、次の総選挙で、保守党の主要な挑戦者が労働党なのかどうかもわからない状況であった。二月には、労働党の安定選挙区であったグリニッジの補欠選挙で社民党が勝利した。このことは、労働党のイングランド南部の選挙に暗い影を投げかけた。

「赤いバラ」を新しい党のシンボルとして掲げて、勝利をめざした1987年総選挙のマニフェストーと党首キノック。　⇒p.137

サッチャー政権は、春の予算で、選挙を意識して、所得税の二%減税、酒税とたばこ税については増税なしを提案した。五月の地方選挙では、保守党が優勢であった。これを踏まえ、サッチャーは議会を解散、六月一一日の選挙が決定された。

この選挙に用意した労働党のマニフェスト「イギリスは労働党で勝利する」（Britain will win with Labour）は、三〇〇万を超えていた失業者を前に、雇用の増大、国民保健サービスと公教育の維持を標榜《ひょうぼう》した。貴族院の廃止、ヨーロッパ共同市場からの撤退、アメリカ軍の核基地の閉鎖といった八三年の選挙に提示された急進的な提案は放棄された。

核武装を廃棄するという防衛政策は弱点であった。世論調査で不人気であり続けていたからである。いくつかの弱点はあったが、労働党は、マンデルソンを中心に、現代的なPR技法を駆使して活発な選挙キャンペーンを行った。

キャンペーンを管理するチームが組織され、そのチームは、キノックと妻のテレビ・プレゼンスに特別の焦点を当てた。二人には、長年用いられた「深紅の旗」ではなく、「深紅のバラ」がシンボルとして用いられた。ロンドンでは、温厚なニュージーランド出身のブライアン・ゴールドが、キャンペーン・コーディネーターとして活躍し、選挙民から好感を得ていた。

キノック党首時代のシンボルマーク（上）と、現在のシンボルマーク（下）

投票日の一週間前の世論調査結果を目にして、サッチャーは労働党のキャンペーンに不安を募らせていた。他方、自由党・社民党連合のD・スティールとD・オーエンは、どの政党も過半数を取れない「宙ぶらりん」議会ないし均衡議会を想定し、その対処をめぐって意見を戦わせていた。しかし、選挙結果は「宙ぶらりん」ないし「拮抗議会」とはかけ離れたものとなった。

保守党は、四年前の四六％に対して四六・二％とわずかに票を伸ばしたが、獲得議席は三九七議席から三七五議席に減少させた。八三年の選挙の再現とはならなかった。労働党は、得票を二六・九％から二九・五％に回復させたが、自由党・社民党連合の減少分を獲得しただけであった。連合の得票は、二六・四％から二三・八％に低下した。労働党は二〇議席の増であったが、二二九議席にとどまった。そこには、四人の黒人、アジア人議席も含まれていた。連合は、一議席減で二二議席となった。結果的に、保守党は過半数を一〇二議席上回ることになった。

選挙地図は、地域における違いをますます鮮明にした。スコットランドでは、保守党の議席が一〇議席と半減し、グラスゴー、ニューカッスル、マンチェスター、ブラッドフォードといった北部の大都市圏では議席を獲得できなかった。他方労働党は、イングランド南部で極めて弱く、ロンドンで地歩を失った。保守党が議席を保った選挙区の五分の三で、第二位は連合の候補者であり、労働党は見る影もなかった。

投票行動研究は、労働党に票を投じた組合員が、八三年の三九％から四二％に上昇したことを明らかにしたが、全有権者における組合員の割合は、三〇％から二三％に減少していた。労働党は、組合員の票だけで選挙に勝利できないことを痛感することになった。

新たな議会でのキノックの挑戦

議会が招集されると、キノックは新たに影の内閣を組織した。D・ヒーリーとP・ショアといった重鎮が一議員に戻った結果、キノックの自由度は増した。影の財務大臣であったR・ハタースリーが影の国務大臣に移動して、J・スミスが影の財務大臣になった。影の財務大臣を継いで影の外務大臣となった。選挙キャンペーンの活躍を認められて、B・ゴールドが影の通商産業大臣に抜擢された。女性の権利のための大臣が初めてつくられ、**ジョー（JO）・リチャードソン**[3]が任命された。

この年の党大会は、選挙の敗北を検証し反省する雰囲気で行われた。党の政策は、選挙民からは遠く、時代遅れであるという認識がさらに広がっていた。党大会は「政策の再検証を開始し」、一九八八年の党大会にそれを報告することを決定した。また、議会への候補者選択ないし再選択が、労働組合が四割、他の党加盟団体が四割とする選挙人団で行うことが合意された。全国幹部会で、J・エヴァンスは、「総選挙を前にした候補者選考会で、出席した党員が三〇人以下であったものが、全選挙区のほぼ三分の一であった」実態を明らかにしていた。

他方、自由党・社民党の連合キャンペーンの選挙結果に失望していたD・スティールは、両党の合同を進めることを決定した。それぞれの党で投票が行われ、いずれも合同を認めることが過半数となった。しかし、社民党のD・オーエンは、四人の議員の内の二人の議員とともに反対した。この対立は、労働党を利することになった。政府の経済政策に対する失望が広がったことも、労働党に有利に働いた。N・ローソン財務相は、八八年の予算で、所得税を二五％と四〇％の二層にする減税を行い、金融街を喜ばせたが、夏になると利率を一〇％にすることを余儀なくされた。インフレは阻止できず、九月には五・九％に上昇したのである。

少しずつ党も自信を回復

一九八八年のブラックプールでの党大会で、キノックは自信に満ち溢れていた。T・ベンの党首への挑戦、さらにE・ヘッファーと**J・プレスコット**[4]の副党首への挑戦は、キノック、ハタースリー連合によって跳ね返された。キノックは、八八・六％の票を確保した。それには、選挙区労働党の四分の三の票も含まれた。党が継続してきた単独軍縮政策に関与しないという政策変更

2G・カウフマン（Kaufman, Gerald Bernard／一九三〇～）▽一九七〇年に庶民院議員として初当選。ジャーナリスト出身で、両親ともポーランド系ユダヤ人。労働党右派の実力者。フート党首時代の八三年総選挙の際のマニフェストーを"The longest suicide note in history（歴史上最も長い遺書）"と批判した。

3ジョー（JO）・リチャードソン（Richardson, Josephine／一九二三～九四）▽七四年、庶民院議員に初当選。九四年に亡くなるまで議員活動を続けた、八〇～九〇年代の女性労働党議員を代表する一人。

4J・プレスコット（Prescott, John／一九三八～）▽海員組合出身。七〇年、庶民院議員に初当選。組合出身らしく、ブレアら"新"労働党に反対する左派議員の一人だったが、九四年ブレアが党首になると副党首として党内左派をとりまとめ、九七年ブレア政権誕生後は環境・運輸担当相として入閣、副首相を務めた。

をキノックが表明したにもかかわらず、キノックは大勝した。それは、ソビエト連邦の新指導者M・ゴルバチョフがアメリカとの軍縮協定に合意したことで加速された。

党大会に提出された政策再検証グループの報告は、旧来の「国有化」に代わって「社会的所有」を提起した。支部に代わって党中央が議員候補者を補充するという提案が決定された。全選挙区の候補者ショートリストに女性を加えることも合意された。

一九八八年の労働組合会議には**欧州委員会**[5]委員長**J・ドロール**[6]が、大会へ出席することになった。ドロールは、労働者の権利を保障する「社会憲章」を約束していた。八九年五月、全国幹部会は新政策を認めて公表した。英国テレコムや水道会社は民営化されていたことから、それには触れなかったが、それ以外の産業について「社会的所有」は破棄された。完備される予定の三艘の**トライデント潜水艦**[7]は、軍縮交渉の「取引材料」となったが、即座の廃棄とはしなかった。欧州共同市場については積極的な姿勢を採用した。

失業は減少し、二〇〇万を下回るようになったが、インフレが七・五％に達し、住宅貸付利率も一三％になっていた。労働党は、世論調査で浮上し、五月のグラモーガン・ベール選挙区の補欠選挙で保守党の議席を奪った。六月の欧州議会選挙では、保守党の覇気のないキャンペーンを受けて、四五議席を確保して勝利した。保守党三二議席、スコットランド国民党が一議席であった。「社会自由民主党」に再編された連合は、議席を得られないどころか、得票では、緑の党にも抜かれ第四党となった。緑の党は一五％の票を獲得したが、議席にはつながらなかった。

ブライトンで行われた八九年の党大会は、対立や論争とは無縁であった。大会は、政策審査報告を承認し、以前に増してキノック寄りの人々を全国幹部会に選出した。一般市職員ボイラーメーカーの書記長であるJ・エドモンドが、決定作成におけるブロック投票の重みを下げる提案をして認められた。全国幹部会が作成し、九〇年の党大会に提起される予定の提案も決定された。そこでは、党本部に党員の補充を認める決定、さらにまた組合員数の減少を前提とした個人党員の増加も予定されていた。

労働党が少しずつ自信を回復し、保守党が低迷するという状況で、八九年から九〇年の議会が開始された。夏に、サッチャーは外務大臣の**G・ハウ**[8]を更迭して副首相とした。秋には、経済

---

5 欧州委員会（European Commission）▽現在は、EU（European Union／欧州連合）の執行機関。最初の経済統合を担った一九五一年成立の欧州石炭鉄鋼共同体（European Coal and Steel Community［ECSC］）の最高機関として誕生。ヨーロッパ共同体（European Community［EC］）の執行機関を経て、九三年のEU発足後は共通外交、安全保障政策など、組織としての重要度を増していく。欧州議会（→八五ページ）の承認を受けた委員で構成される。なお、「欧州理事会（European Council）」は加盟国の首脳が集まるトップ会議で、欧州委員会とは別の機関。

6 J・ドロール（Delors,Jacques Lucien Jean／一九二五〜）▽経済学者。フランス銀行、蔵相（ミッテラン政権）を経て、八五年から九五年まで欧州委員会委員長。この間、単一市場、通貨統合導入の基礎づくりを行い、九三年の欧州連合（EU）発足に貢献した。

7 トライデント潜水艦▽「トライデント」は核弾頭を搭載する弾道ミサイルで、これを標準装備する原子力潜水艦のこと。「ポラリス」潜水艦（→一〇六ページ）の後継艦に当たる。

8 G・ハウ（Howe, Richard Edward Geoffrey／一九二六〜二〇一五）▽六四年に庶民院議員に初当選。保守党が政権を奪還した七九年に財務相、八三年から外相と要職を歴任し、サッチャーを支えた。だが、ヨーロッパの通貨統合に反対するサッチャーと対立したため、実権の伴わない副首相に更迭され、九〇年辞任。辞任に際して政策批判の議会演説を行うと、共鳴した閣僚が相次いで辞任。これがサッチャー政権の崩壊を招いた。

政策の対立から、財務大臣N・ローソンが辞任し、外務大臣のJ・メージャー[9]が任を継いだ。

キノック、政策転換をうち出す

一九九〇年のインフレの進行は公務員のストライキを引き起こし、救急隊員の長期ストライキにつながった。それには、人々も同情的であった。秋に議会が再開されると、〝影の内閣〟の選挙が労働党内でも行われた。結果は、キノックの支配を確実なものにした。労働党史上初めて、三大臣が女性に割り当てられた（児童問題担当ジョアン・レスター、開発援助担当アン・クルーイッド、財務担当マーガレット・ベケット）。

キノックとハタースリーを除いて、大臣数は一五人から一八人となり、五つの主要大臣が男性であった。N・ローソンとの議会論争で高い評価を得ていたG・ブラウンとJ・スミス、保健担当のR・クック、雇用担当のT・ブレア、外務担当のG・カウフマンである。三つの主要ポストは、スコッ

↑『NHKスペシャル 影の内閣』一九九〇年四月、日本放送出版協会

タブロイド紙「Sun（サン）」一九九二年四月八日の一面↓

イギリス最大部数の大衆紙は「もしキノックが選挙に勝ったら電灯を消せ」（イギリスは真っ暗闇になる）と、痛烈に労働党を批判した（92年4月総選挙の前日）。一方、NHKは日本政治の現状に批判を籠めつつ、「イギリス・政権交代への備え」と銘打ち、“影の内閣”へ、強い関心を示した（89年12月TV放映、翌年に書籍化）。

トランド人となり、影の内閣の四分の一を占めることになった。

同じ時期にサッチャーは、保守党内部からの挑戦に、初めて直面していた。彼女はその挑戦を容易に退けたが、政権基盤が脆弱《ぜいじゃく》になっていることが明らかであった。それは早期の総選挙という政治選択を回避させた。結果的に、労働党に政策を審査し綱領の見直しに時間的余裕を与えることになった。ヨーロッパにおいて「鉄のカーテン」が崩壊した結果、防衛問題の重要性が減退した。

キノックは、労働党にとって、組合のブロック投票が問題の根本であると考えていた。ブロック投票の顕著な例が八九年一二月に起きた。有能であるが時には一匹オオカミとみなされていたF・フィールド議員が、バーケンヘッド選挙区で候補者になることが、地方党員の多数ではなく運輸労働組合のブロック票で否決された。その問題は、全国幹部会が命じた再度の候補者選考会議で認められた。これを踏まえて、九〇年にブラックプールで開かれた党大会は、次の選挙後に実施されることを条件に、いくつかの綱領上の変更を認めた。

第一は、全国幹部会に一人の代表を選出する「黒人アジア人社会主義者協会」の設立であった。第二は、政党の様々なレベルに女性を登用することを強制的に割り当てることであった。第三は、「一人一票」で候補者の選定を行うという提案であった。それは、候補者選考における労働組合の影響を低下させることを意味した。全ての提案が、全国幹部会に付託された。

---

9 J・メージャー（Major, John／一九四三〜）▽家庭の事情から一六歳から様々な職業につき、保守党青年部で積極的に活動。七九年に庶民院議員に初当選。八六年閣外相に抜擢、八九年ハウの後任の外相を経て、財務相。九〇年に四七歳で、サッチャー辞任後の保守党党首、イギリス首相となる。

九〇年一一月、保守党の内乱でサッチャーが党首の地位を去った。サッチャーの反ヨーロッパ主義、「コミュニティ・チャージ」（人頭税／➡一九七ページ）に対する批判が原因であった。七九年の選挙で議員になり大臣経験わずか三年のJ・メージャーが、四七歳で党首と首相の地位を継いだ。世論調査は、この若い党首が人々から支持を得ていること、同時に保守党の支持が回復したことを示していた。労働党は、党首の交代で、早い段階での議会解散を期待したが、その行方は定かではなかった。しかし、一つの政治が終わったことは明らかであった。

メージャーとの戦いで打撃

新たに保守党首となったメージャーは、総選挙を行う誘惑に駆られていた。しかし、それはなされなかった。政権を維持し政治に自らの足跡を残すことを優先した。メージャーは鉄道や病院などの寡占企業や公営企業に対し、消費者の権利と利益を保障する「市民憲章」と題する行政改革を提案した。さらに一九九一年一二月、オランダのマーストリヒトで行われた**欧州理事会の会議**[10]に出席して巧みな調停交渉を展開し、単一通貨ユーロに加わらないこと、新たな社会憲章にイギリスが拘束されないことを認めさせた。ヨーロッパ共同体問題（ECからEU［欧州連合］への統合）が、次の選挙で主要な争点になることを回避した。

九二年に入っても、次期の選挙をめぐって政治が展開された。三月には、財務相N・ラモントが、次の選挙を念頭に予算を提示した。彼は、課税最低限の二〇〇〇ポンドに対して二五％の税率から二〇％の税率へ減税すること、二八兆ポンドの国債を提案した。他方で、環境大臣M・ヘーゼルタインは、人頭税の廃止と累進課税の導入を提示した。その提案を前に、総選挙は多くの人が予想していたように四月九日となった。

労働党のマニフェストーは、「イギリスが再び動き出す時」（It's time to get Britain working again）と題された。住宅、交通、教育への投資、産業の研究開発に対する税控除などが提起された。スコットランドに対しては大幅な権限移譲と議会創設、ウエールズに対しても議会創設、イングランドに対しては「選挙による地域政府」を創設する新たな「地域階層性」が提起された。女性問題を専管とする大臣創設、人種差別禁止の強化も謳われた。国防については、他の諸国と同様に核を保有するが、増大しないことが提起された。対外援助を、五年以内にGDPの〇・七％にするという国連目標を達成することも述べられた。学識経験者の下で開かれた選挙制度に関する委員会は、オーストラリア型の優先順位付選択投票制を望ましいと勧告したが、それにも好意的であった。

キャンペーンが開始された。保守党は、労働党の計画が大きな増税なくしては達成されないと主張した。それに対抗して、影の財務大臣J・スミスは、ラモント財務大臣が提示した予算に代わる「影の予算」を提起した。スミスは、年収が三万六三七五ポンドを超える人に対し、増税を提案した。他方で、国民保険料に対して、二万一〇〇〇ポンドの上限を設定することを認めた。

10欧州理事会の会議▽マーストリヒトで行われた首脳会議。通貨統合や安全保障など新たな政治経済の枠組みが議論され、ECの解体と、九三年からのEU発足が決まった。この会議で合意されたのがマーストリヒト条約。なお「欧州理事会（European Council）」は、「欧州議会」（→八五ページ）、「欧州委員会」（→二二ページ）とは別の機関。

このような攻防の中で、選挙結果がどうなるかは判然としなかった。戦いは拮抗した。世論調査は労働党の支持率が上回っていることを示していたが、メディアは、いずれの政党も過半数を確保できない「拮抗議会」になると述べていた。

選挙結果は、メージャーそしてまたキャンペーン管理者のC・パッテンを除いて、全ての人が驚きであった。保守党は三三六議席を確保し、過半数を一九議席上回った。労働党は、一議席を失ったものの四四議席を確保し、二七一議席となった。社民党と自由党が合流し結成された新たな自由民主党（→八七ページ）が二〇の議席を確保し、スコットランド国民党が三議席、ウエールズ国民党が一議席であった。得票率でみると、保守党から労働党に一・九％のスイングがあった。

労働党が勝利して、保守党に対抗するためには、さらに三・九％程度のスイングが必要であった。世論調査が選挙結果を正確に予想できなかったことについて、様々な議論が行われた。原因はわからなかったが、一つのことだけが明らかであった。保守党が四回の選挙で連続して勝利したことは、キノックの党再生の試みばかりでなく、労働党に大きな打撃となった。労働党は、真の再生が求められるということであった。

スミスの登場と進む党改革

選挙結果を受け、キノックは即座に退任することを決意した。副党首のハタースリーも同様であった。キノックを支えたカウフマンは残ることになった。総選挙後の一九九二年七月一八日、新たな党首を選ぶ特別会議がロンドンで行われた。

最重要候補者として浮かび上がったのは、影の財務大臣J・スミスであった。一九七九年総選挙での敗北から、労働党は長い野党暮らしを続けたが、その間、スミスは、通商、エネルギー、雇用、通商・産業、財務など多くの影の内閣のポストを歴任していた。七九年以降労働党が左傾化し、右派のスミスの友人たちが離党して社会民主党を結成したが、その時がスミスにとって希望の見えない時期であった。

八三年総選挙で労働党が敗北すると、スミスは党首選挙でハタースリーのキャンペーン・マネージャーとなったが、ハタースリーはキノックに負けた。八七年の議会で、影の財務大臣から移動したハタースリーに代わって影の財務大臣になり、キノックの有力な後継者とみなされるようになった。スミスのずんぐりした体形、決断力、「銀行家」を思わせる風貌は、有権者に大きくアピールした。キノックより三歳年長であったが、キャラハン政権で短期間ながら大臣としても活躍していた。当時、大臣経験を有していた労働党幹部は、スミスとハタースリーだけであった。

B・グールド[11]との戦いになった党首選は、一回の投票でスミスに決まった。組合は、費用が掛かることを理由に、組合員の投票を実施せずに協議だけで選挙に向った。労働組合の三八・五%、

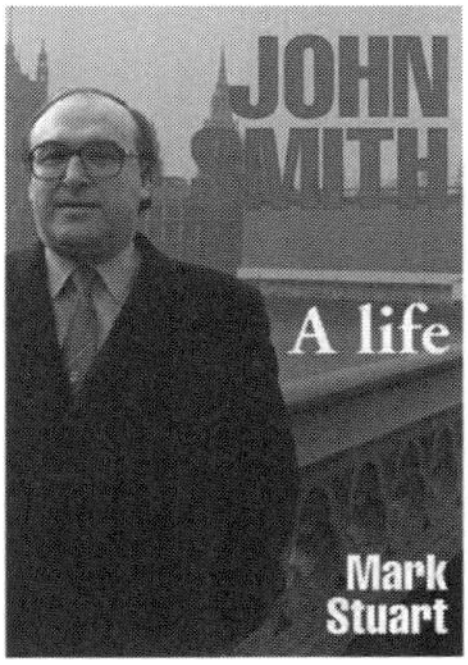

J.スミス（Smith, John／1938～94）の伝記『A life』　⇒p.139

Mark Stuart, Politico'Publishing ,2005.

11 B・グールド（Gould,Bryan Charles／一九三九～）▽外交官、大学教授を経て七四年に庶民院議員初当選。キノックの影の内閣で環境相に選ばれた。だが、ヨーロッパ通貨統合を評価する労働党の方針を批判して辞任。

選挙区労働党の二九・三％、議会労働党の二三・二％、全体で九一％の票を獲得して勝利した。

影の財政担当チームでスミスを補佐していた**M・ベケット**[12]が、副党首に立候補した。B・グールドが、副党首選挙に立候補し、J・プレスコット（↓二一九ページ）も立候補した。プレスコットが、全体で二八％の票を確保したが、ベケットは、組合の二五％、選挙区労働党の一九％、議会労働党の一二・九％、合計五七・三％の票を獲得して副党首となった。七月二三日、議会労働党は、G・ブラウン、T・ブレア、J・カニングハム、R・クックを影の内閣に選出し、スミスを中心に四人の主要人物からなる影の内閣が構成された。四人の女性も選出され、さらに四人が影の大臣として選出された。

スミスは、M・ベケットを影の議会運営委員長並びにキャンペーン調整担当にした。G・ブラウンが影の財務大臣となり、H・ハーマンが副財務大臣となった。J・カニングハムが影の外務大臣、T・ブレアが影の内務大臣となった。R・クックが影の保健大臣から通産大臣に移り、J・プレスコットは、英国鉄道を民営化する政府計画に反対するため運輸大臣に留まった。保健大臣はD・ブランケットが担当した。このチームは、サッチャーが野党時代に組織した影の内閣ほどではないが、メージャー政権に強力に対抗できるチームとなった。

世論の反応も上々であった。九二年の後半期には、労働党の支持率が保守党を常に上回り、二〇ポイント近い大差をつけることもあった。メージャーを支持する人々は二〇％台に低迷し、スミスは五〇％近くまで伸びた。保守党の政治スキャンダルが大きな影響を与えていたが、キノック、スミスと続く労働党の改革の試みが、ようやく人々に伝わり評価されているかのようであった。世論の高い評価の中で、スミスはキノックの下での党改革を進め、政策を大きく見直した。九二年には、選挙制度改革、地方への権限委譲と地域議会の創設などの憲法改革が提起された。九月末からブラックプールで行われた党大会は静穏に進んだ。ＥＵ（欧州連合）の一員に留まることを前提に、ＥＵで中心的な役割を果たすことに積極的に関与することが確認された。この流れで、労働党全国幹部会の選挙では、反ヨーロッパを標榜する左派のＢ・グールドとＤ・スキナーが落選し、スミスの支持者であるＧ・ブラウンとＴ・ブレアが全国幹部会に選出された。プラント卿の下で進められた選挙改革に関するワーキンググループは、選挙制度を変えることを勧告した。しかし、明確な代替案は提示されなかった。

さらにスミスは、Ｇ・ボーリー卿の下に社会正義に関する委員会を発足させ、税、給付、雇用を詳細に検討させた。先の選挙で「増税の党」と批判されたことの政治的影響に関心を持っていた影の財務大臣Ｇ・ブラウンが、それに関わった。彼は、税率を変えず、税の抜け道を閉ざすことで歳入を上げることが可能であると強調した。これらの改革を進める中で、スミスは、政治の表舞台の前面に立つことを控えながら全国を遊説した。前党首キノックの急激な改革は党に亀裂をもたらしたが、スミスの活動はその亀裂を癒《いや》すかのようであった。

結果的に、それが労働党への支持の回復につながった。九三年の世論調査は、保守党が三〇％台の支持率から二〇％台に低迷する一方で、労働党のそれは、四〇％台後半の支持率となって

12 Ｍ・ベケット（Beckett,Margaret Mary／一九四三～）▽七四年庶民院議員に初当選。労組出身。キノック影の内閣で財務相、ブレア内閣で環境・食料および農相を経て、外相（イギリス史上初の女性外相）を務めた。

いた。支持率は、はっきりとした選挙結果には現れなかったが、保守党の低迷は明確であった。一九九三年の五月と七月の補欠選挙で、保守党の議席はいずれも自由民主党に奪われた。選挙民の間でも、少しずつ変化が現れつつあった。

九三年にブライトンで行われた党大会で、スミスは大きな政党改革を実現した。労働組合の反対が大きかったにもかかわらず、政党綱領を変えて「一党員一票制」を導入することを決意した。最終的に、ホワイト・カラーの製造業・科学・金融組合の棄権、「伝統主義者」のリーダーとみなされていたJ・プレスコットの熱烈な演説によって、議員候補者の選択が党員の一票制によること、年次党大会における労働組合の一括投票が削減されること、党首並びに副党首の選出手続きを改正することが、過半数をわずかに上回って承認された。さらに、党首・副党首を選出する際の選挙人団の票配分も、労働組合、選挙区労働党、議会労働党それぞれが、等しく三分の一ずつにされた。労働組合四割の重みが低下したのである。

この改革は、大きな意味を持っていた。第一は、労働党の内部を「現代化」して、組織ではなく個人に大きな役割を与えること、第二は、選挙民に労働党は変化したというイメージを与え、労働組合に支配されないことを確信させたことである。男ばかりの労働組合が支配している党イメージの払拭でもあった。古くからの労働者階級さらに労働組合加入者が減少していることを考えると、当然の選択であった。労働党は、労働者階級を超えて多くの選挙民から支持を獲得するために、「包括（キャッチ・オール）政党」への歩みを開始した。

労働組合も同じであった。組合数が減少する中で新たな組合員を確保するために、ホワイト・

カラーやパートタイムの労働者を確保する必要があった。そうした事情が、政党と労働組合の古い関係に大きな変化を迫っていた。スミスの改革は、それに対する対応でもあった。

メージャー政権の迷走

一九九二年四月の総選挙で勝利したものの、メージャー政権は、その直後から危機に躓《つまず》きはじめていた。最初の危機は、九二年の九月一六日「ブラック・ウエンズディ」であった。

労働党はポンドが実態よりも過度に評価されていると指摘していたが、それが証明された。ポンドに対する投機的な売りが続き、ポンドが下落した。それが、ヨーロッパ為替メカニズム（ERM）からの離脱につながった。ポンドの下落は輸出を拡大し、イギリス経済の競争力を強化し、イギリス経済にとって致命的なことではなかった。しかし、財務大臣のN・ラモントにとっては大きな損失をもたらすものになった。九三年五月、ラモントは更迭され、K・クラークが後を継いだ。金融問題を含めて、イギリスがヨーロッパにどう対応するかの問題が、マーストリヒト条約に関する政治的妥協で一時的に収束していた保守党内の対立が再燃した。

内政では、長期間の歳出削減による公共サービスの低下が、鉄道や警察などの領域で多くの問題を生じつつあった。影の運輸大臣プレスコットは、鉄道を取り上げ、公共交通について革新的な計画を提示した。影の内務大臣ブレアは、七九年に保守党が政権についてから犯罪率が二倍になっている現実を指摘し、法と秩序の再生で注目を浴びた。

メージャー政権は、経済の回復を継続的に指摘していたが、失業は高いままで推移し、生活の水準も落ち続けていた。メージャー政権は、外交的に対立している国への武器売却、外国資本の企業による政治資金の提供、大臣の個人的な性問題など、恒常的にスキャンダルに見まわれた。それは、世論調査における支持率の低下、地方選挙や補欠選挙における敗北につながった。それにもかかわらず、保守党に大きな変化が見られなかった。メージャーに代わる後継者がいなかったのである。保守党は、展望もなく政治を続けていた。

スミス急死、ブレア登場

政治の変化が予兆されていた一九九四年五月、スミスは心臓発作で突然の死を迎えた。労働党のみならず国民の多くも茫然自失となった。スミスは、党首になる前に心臓発作に見舞われたが、それから回復していた。今回は回復がままならなかった。

スミスは、キノックと違って、政治の表舞台で派手に演じることはなかったが、快活なパーソナリティとずんぐりとした体形から醸し出される安定したイメージが人々の間に定着し、政治的にも国民的にも人気を博した。その人気は、野党の党首よりも首相としてのものに近いものであった。誰もが、次の選挙でスミスが首相になると考えていた。その機会が失われた。

労働党にとって大きな損失であったが、それに立ち止まって多くの時間を費やすことは許されなかった。最初に、副党首であったM・ベケットの下で、一体となってヨーロッパ議会選挙に向かった。ベケットの指揮が短期間であったにもかかわらず、大きな躍進を見せた。イギリス全体で、投票率は三六・八％と相変わらず低いままであったが、労働党は四四・二％の得票率で、イギリス全体に割り当てられていた八四議席のうち、六二議席を確保した。保守党は一八議席、自由党は二議席にとどまった。スコットランド国民党が二議席、それに北アイルランドの政党の三議席が加わった。ヨーロッパ議会選挙は、労働党への期待が高いことを明らかにした。

次の焦点は党首選であった。九四年七月に選挙が行われた。M・ベケット、J・プレスコット、T・ブレアの三人が挑戦した。福祉や介護の問題に多くのエネルギーと時間を割いたM・ベケット、労働組合から政治経歴を重ねたプレスコットが熱心に運動を展開したが、党の現代化を訴えたブレアが、選挙当初からスミスの後継者としてみなされた。

以前には、G・ブラウンがスミスの後継者とみなされていたが、ブラウンはブレアとは競わない決断をしたと言われていた。事実、ブラウンは党首選挙に立候補しなかった。九四年七月二一日、選挙結果が発表された。ブレアは、スミスが改正した選挙制度で、労働組合の五二・三％、選挙区労働党の五八・二％、議会労働党の六〇％を確保し、全体で五七％の支持で党首に選出された。ブレアに挑戦したプレスコットが副党首に選ばれ、組織再生に責任を担うことになった。

ブレアの勝利は、「現代化」戦略が党のあらゆる部門から広く認められたことでもあった。その直後、世論調査で労働党の支持率は五〇％を超えた。一八年の野党暮らしを経て、労働党は政権を担うことのできる政党として、信頼を回復する道を歩みはじめているようであった。それは、キャラハン政権後のキノックやスミスが、まさに求め続けていたことであった。

◎一九七六～七九年 首相、一九七六～八〇年 労働党党首

ジェームス・キャラハン

（一九一二年三月二七日生まれ、二〇〇五年三月二六日死去）

J・キャラハンは、一九六四年から七九年の労働党政権で主要な役職を経験し、外相、内相、財務相を歴任して首相となった。海軍一等兵曹の子息で、一四歳で学校を離れた。税務官の仕事につき、その後労働組合会議に勤めた。

四五年の総選挙で、議席を確保した。四五年と五〇年の総選挙では、カーディフ南選挙区から当選、五〇年から八七年に引退するまで、カーディフ東南選挙区で連続して当選した。労働党が一三年間野党にあった時、キャラハンは、中道右派として徐々にその政治的地位を高めた。一九六三年にゲイツケルが死去すると、党首選に立候補したが、三人の候補者の最下位となった。

六四年に成立した労働党政権では財務相となった。一ポンド二・八〇ドルの水準を下落させないというウィルソンとキャラハンの決定は、惨憺たる結果に終わった。イギリスの経済は脆弱で、三年間ポンドは継続的に危機にさらされ、六七年一一月に、ポンドは切り下げとなった。キャラハンは信用を失って財務相を辞任した。

内相となり、政治的地位の回復に努めた。内相として、東アフリカのアジア人に英国籍を認め、選挙区画定委員会が提出した選挙区改定を延期させることに尽力した。さらにまた、北アイルランドの政治的対立の悪化に対応して、六九年に北アイルランドに派兵した。労働党全国幹部会の一員としては、政権の労働組合改革に反対した。

キャラハンは、労働組合の強力なスポークスマンであり、数少ない労働者階級出身の大臣として、「労働者階級のキーパー」と言われた。ウィルソンは、キャラハンの反対を、ウィルソンを首相から外す政治的試みとみなしていたといわれる。

七〇年に労働党が野党になると、キャラハンは、世界銀行のポストに就くといわれた。それが実現していたら、イギリスの政治から離れたかもしれない。キャラハンはウィルソンより高齢で、後継者としてみなされていなかった。影の外相として、党内の派閥対立から距離をおいた。党内対立を解決する策として、EEC（ヨーロッパ経済共同体）加盟をめぐる国民投票の実施という左派の要求を受け入れた。七四年に労働党が政権に復帰すると、EECとの交渉を進めて、七五年の国民投票がこれを認めた。

七六年三月のウィルソンの突然の辞任は、キャラハンが首相となる最後のチャンスとなった。六人の候補者で最高齢の六四歳であったが、中道の候補者として、三度目の投票で、M・フートを一七六票対一三七票で破り当選した。キャラハンは、労働党議員の間では二番手の候補者であったが、全候補者の中で、最も対立を引き起こさない候補者でもあった。

キャラハン首相の三年間は、政治的にも経済的にも圧力にさらされた。キャラハンは、党の全国幹部会や党大会で、政権の経済政策に反対する強力な左派に対応しなければならなかった。

政権発足直後にポンド危機に直面し、救済パッケージを求めてIMF（国際通貨基金）との交渉を開始しなければならなくなった。IMFが提示した条件は内閣を分裂させる危険があったが、内閣を統一させて借款を確保した。公共支出の削減と賃金抑制策は、左派の不満を拡大した。インフレを抑え込み、政府借入を削減する圧力が高まっているにもかかわらず、左派が支配的な党大会は、政府支出拡大を求めた。

七七年三月、議会の過半数が失われ、一三議席を持っていた自由党との連立を画策した。自由党が提起する政策を考慮する条件で、同党は労働党政権の支持を表明、議会の不信任は否決された。七八年に自由党との連立が解消されると、秋の選挙が予想された。キャラハンは、期待に反して、賃金政策ならびに所得政策を継続してインフレと戦うことを表明した。判断は成功しなかった。

労働組合は、冬の間、賃金政策に反対して労働争議を続けた。労働争議の頻発は《不満の冬》と称され、キャラハン政権の政治を不安定にし、労働組合と歩みを共にするという労働党の主張も、不信をもってみられた。七九年一月、冬の休暇から帰ると、タブロイド紙が、「危機？　何が危機なの」とキャラハンが応えたと報じた。キャラハン政権は、さらに弱体化した。

三月二八日、キャラハン政権は、一票差で不信任となった。政権は選挙を余儀なくされ、その選挙でサッチャー保守党が勝利した。キャラハン政権は、不名誉なかたちで終わりとなった。

その後、キャラハンは、一八ヵ月間労働党党首を続けた。しかし、労働党左派の影響力が増し、彼の政策は徐々

キャラハンの伝記
『A Life』

Kenneth O. Morgan,Oxford University Press,1998.

に拒否されることになった。キャラハンは、左派が党の制度を変えることにも、三〇人近い党員が新党を形成することにも影響力を行使できなかった。キャラハンは、所得政策の放棄、EEC（ヨーロッパ経済共同体）からの離脱など政策に同意できなかったといわれる。

八三年の総選挙では、一方的に核の放棄を求める労働党の新政策に反対を表明して騒ぎとなった。八七年に、議員を引退した。

◎一九八〇～八三年　労働党党首

マイケル・フート

（一九一三年七月二三日生まれ、二〇一〇年三月三日死去）


自由党議員の子息として、レディングのライトン・パーク・スクール、オックスフォード大学ワドファム・カレッジに学んだ。

ジャーナリストを経て、一九四五年の総選挙で、プリモースのデボンポート選挙区で当選した。五五年の総選挙で議席を失い、六〇年の補欠選挙でエブベイル選挙区から当選した。

四〇年代から五〇年代の平議員であった時（議員でなかった時は、『トリビューン』誌の編集者）は、一貫して左派に属し、党首批判に終始した。六一年から六三年にかけて、党員資格を剥奪された。

ウィルソンが首相の時は、批判は控えめであったが、六四年から七〇年にかけての労働党政権では、役職に就くことを拒否して、支出削減、労働争議、ベトナム問題などについて党の政策を批判し続けた。

七〇年から七四年の野党時代には、七〇年、七一年、七二年と労働党副党首に立候補したが敗北した。しかし、影の内閣の一員としては継続的に選出された。七四年に労働党が政権に復帰すると、雇用相として内閣に加わり、労働組合の権利、とりわけクローズド・ショップ制を強化する立法の責任を担った。また、EEC（ヨーロッパ経済共同体）の加盟をめぐる七五年の国民投票には、内閣にあっても反対した。

キャラハンが首相になると、党首選挙に出馬、副党首に選出された。また、枢密院議長と庶民院院内総務となった。フートは、スコットランドとウエールズの分権問題を引き継いだが、最も大きな任務は、不安定な政権の中で政権をどう運営するかが中心であった。最も影響力のある討論者として、少数政党との交渉に力量を発揮した。

キャラハンが八〇年に引退すると、後継の選挙に出馬した。この選挙は、議会労働党だけで行われた最後の選挙となった。政党は二分された。左派は、ウィルソン政権とキャラハン政権が党の政策を翻したような行為を繰り返さないための党改革を主張した。

フートは、党に統一をもたらすとしての評価をえていたが、それは彼の政治手腕を超えるほど深刻であった。八一年、二八人の労働党議員が党を離れて、社会民主党を立ち上げた。労働党左派の活動は、人々からの支持を得ることはほとんどなかった。

これらに加えて、八二年のフォークランド戦争の影響、さらに「史上最長の遺書（The longest suicide note in history）」と称された惨憺たるマニフェストー、フート自身の不人気などが加わり、八三年総選挙における労働党の得票は、一八年以降最低となった。

フートは党首を辞任したが、九二年まで議員を続けた。その間、ジャーナリスト、批評家、著作家など、政治以外での経歴を重ねた。

フート党首時代、1983年総選挙の労働党のマニフェストーの表紙。「イギリスの新たな希望」（The New Hope for Britain）と訴えたが、評判はかんばしくなかった。

◎一九八三〜九二年 労働党党首

ニール・キノック （一九四二年三月二八日生まれ）

炭鉱夫の子息として、ウエールズで育った。カーディフ大学時代は、多くの時間とエネルギーを学生による政治活動に費やしたといわれる。

一九七〇年、労働党の安定選挙区、南ウエールズのベドウエルティ選挙区を得て二八歳で議員となった。同選挙区は、その後、アイリン選挙区となり、八三年から継続的に選出された。キノックは弁舌に優れた能力を発揮し、八〇年ごろまで左派を代表する人物であった。七九年の総選挙で労働党が負けて左派色を濃くすると、キノックの政治的立場は、その状況によく合うものであった。

七八年に労働党全国幹部会に選出され、八〇年に影の内閣に選出された。八三年に、労働党が大敗北をすると、世代交代から、M・フートの後継者として、新たな党首選挙制度（組合四〇%、議会労働党三〇%、選挙区労働党三〇%の割り当て）で、党首に選出された。彼の勝利は、議会外の支持で大きかったためといわれる。

党首となったキノックは、過半数を大きく上回る保守党と、サッチャー首相に対峙《たいじ》しなければならなかった。

サッチャー政権は、大戦後の合意を終わらせ、右派の新自由主義の政治を前進させていた。労働党は低迷の中で、この政治状況に対応しなければならなかった。

他方で、保守党の政策に激しく対立した左派色の強い地方自治体ならびに労働組合にも、対応が迫られた。キノックは、党内に強力な支持を持たなかったが、八七年の総選挙を前に、公営住宅の売却、EEC（ヨーロッパ経済共同体）に継続的に加盟など、多くの政策変更を受け入れた。

八七年総選挙での敗北後、党の政策をさらに中道へ転換させた。労働党が政治社会の変化に対応して選挙に勝利するためには、根本的な変革が望まれていた。これには、一方的な核軍縮の放棄、民営化、税、労働関係に関わる多くの保守党政策の受け入れ、熟練労働者に対するアピールなどが含まれていた。

キノック党首時代、1992年総選挙の労働党のマニフェストーの表紙。
「イギリスが再び動き出す時」（It's time to get Britain working again）。

労働党左派は、左派の活動家の弱体化とPR戦略の転換を狙う組織改革や政策転換を激しく批判した。八八年の党首選挙では、左派のベンの挑戦を受けたが、八八％の票を確保して、キノックが勝利した。九二年の総選挙では、労働党の勝利が予想されていたが、期待に反して敗北した。選挙の責任を取って、党首を辞任した。

キノックは、選挙で勝利するような労働党に転換するために、さらに左派色を払拭するために多くのことを実行した。しかし、多くの努力とエネルギーは、国民に訴えるというよりも、党内対立の解消に費やされた。左派の代表として選出されたキノックが、左派色を払拭する多くの改革を行ったことは皮肉であった。

多くの批評家も、若い政治家として彼が有していたものを、その後放棄したと指摘する。党首として現実の政治に直面し、政治学習の結果その立場を変えた。政治的現実への対応であったかもしれない。彼は、フート議会担当総務として短期間務めたが、それ以外政権の役職についていなかった。

党首になった時、初めて現実の政治を直視しなければならなかった。それが政治的立場の転換を導き出したかもしれない。一九九四年に議員を引退し、EUの欧州委員会委員となった。

◎一九九二～九四年　労働党党首

ジョン・スミス

（一九三八年九月一三日生まれ、一九九四年五月一二日死去）

スミスは、勤勉でつましい家庭に育った。父は校長であった。地方のグラマー・スクールに学び、その後グラスゴー大学に進学した。卒業後法律家となり、スコットランドで法廷弁護士をしていた。一九八〇年代に、多くのスコットランド出身議員が労働党幹部になったが、スミスもその一人であった。

スミスは、一九七〇年に北ラナークシャー選挙区から立候補して議員となり、八三年に選挙区が東モンクランド選挙区に再編されるまで、同じ選挙区から選出された。早くから、弁舌豊かな議員であると評判であった。労働党の右派に属し、七一年には、院内総務の命令に反して、保守党政権のEEC加入申請を支持した六九人の労働党議員の一人であった。

七四年の労働党政権では、エネルギー省の政務大臣となり、七六年にはスコットランドならびにウエールズへの権限移譲問題について責任を担うことになった。この当時、北海油田とその国有化が、スコットランド政治で最重要課題であった。七八年に四〇歳で、キャラハン政権の通商大臣として閣内に入った。この時の数か月が、彼の内閣経験である。

七九年総選挙での敗北で、労働党は、長い野党暮らしを開始することになった。この間スミスは、九四年の死去まで、影の内閣の一員であり続けた。通商、エネルギー、雇用、通商・産業、最終的には八七年の財務など、多くのポストを歴任した。彼の政治生活の大半は、野党として費やされた。

七九年以降に労働党が左傾化し、彼の多くの友人たちも離党して社会民主党を結成したが、スミスやスミスのグループにとっては希望の見えない時期であった。スミスは右派であったが、派閥政治を展開する人物ではなかった。休みの時には、法律家としての仕事や、山歩きに時間を費やしたと言われる。

八三年総選挙で労働党が敗北すると、党首選挙で、R・ハタースリーのキャンペーン・マネージャーとなった。しかし、ハタースリーはキノックに負けてしまった。八七年の議会では、影の財務相から移動したハタースリーに代わって影の財務相になった。

それまでに、スミスはキノックの後継者とみなされるようになっていた。スミスのずんぐりした体形、即座の決断力、「銀行家」を思わせる風貌は、有権者に大きくアピールした。八九年までに、スミスとハタースリーだけが、影の大臣では内閣経験を持っていた。

キノックの後継者になる可能性が高いという話は、スミスとキノックの間に緊張を生んだ。キノックが政治的失敗を起こすと、その話がいつも再燃した。キノックの取り巻き連は、スミスが政党改革に深く関与しないと新聞に不満をぶちまけた。キノックは、スミスが特に税制など、あまりにも慎重にしすぎると考えていた。スミスはキノックが一貫性がなく、世論調査に影響されやすいと考えていた。

大方の予想に反して九二年の総選挙で労働党が敗北すると、スミスも批判を逃れることができなかった。彼が提示していた予算案は、労働党が増税の政党であることを思い起こさせると批判された。しかし、キノックが党首を辞任すると、スミスは、選挙人の九〇%の票を獲得して党首に選出された。

党首としても、スミスは慎重であった。彼は、政党綱領第四条を修正したり、廃棄する行動をとらなかった。キノックと対照的に、比例代表制の導入に反対したが、この問題についての国民投票の結果を喜んで受け入れると宣言した。彼の後継者T・ブレアと違って、政党の現代化には積極的でなかった。しかし、党における労働組合の役割の改革、とりわけ、九三年の党選挙における一人一票の導入に尽力した。

また、イギリスがＥＲＭ（European Exchange Rate Mechanism〔欧州為替相場メカニズム〕）に加入することを熱心に支持した。

第3部

復活と改革

1994〜2010

Anthony Charles Lynton **Blair**

James Gordon **Brown**

6章 ブレアがめざしたこと

「現代化戦略」のはじまり

四一歳の若さで労働党党首となったT・ブレアは、エディンバラの名門パブリック・スクールであるフェティス校を経て、オックスフォード大学に学んだ。

熱心な保守党の政治家であった父レオにならって、法廷弁護士をめざした。一九八〇年代に議員になり、影の内閣で、通商産業相、雇用相、内務相を歴任し、早い段階から高い能力を備え決断力のある若い政治家として評価をえていた。若きG・ブラウンとともに、前党首J・スミスを支え、労働党の改革に尽力した。

T.ブレア（Blair, Tony[Anthony Charles Lynton]／1953~）の若さに多くの期待が集まった。 ⇒p.186

スミスの突然の死後に党首になったブレアは、一九九四年九月、影の内閣を組織した。G・ブラウンが影の財務大臣に留まったのは、人気の点でも能力の点でも驚きではなかった。M・ベケットが影の保健大臣、**R・クック**[1]が影の外務大臣に移った。事実上の降格人事であった。

それらに代わって、ブレアを支持した人々が主要なポストに就いた。党首選挙でブレアのキャンペーン・マネージャーであった**J・ストロー**[2]が影の内務大臣になり、**H・ハーマン**[3]が雇用大臣、F・ドブソンが環境大臣、J・カニングハムが通産大臣に登用された。D・デューアーは、社会保障大臣に留まった。一〇月には、ブレアの党改革の意志がさらに明確になった。一九九三年に形成された公務員の合同組合UNISONの副書記長で、八八年に労働党の政策再評価を取り仕切った「現代化論者」であるT・セイヤーが党書記に抜擢されたのである。

九四年一〇月、ブレアは、ブラックプールで最初の党大会に臨んだ。政党綱領の改定による労働党の刷新やイギリスの再生に強い決意を持って臨んだ。多くの労働組合は、各組合の投票で政

1 R・クック（Cook, Robin［Robert Finlayson］／一九四六〜二〇〇五）▽教師などを経て、一九七四年に庶民院議員に初当選。ブレア政権誕生後、最初の外相となる。〇一年庶民院院内総務。しかし、ブレアがブッシュ米大統領の要請に応えたイラク戦争参加を進めると強く反対し、辞任。

2 J・ストロー（Straw, Jack［John Whitaker］／一九四六〜 ）▽弁護士出身。七九年庶民院議員に初当選。キノック、ブラウン時代に影の教育相、環境相、内相などに選任。ブレア政権誕生後は、内相、外相を歴任。ブラウン政権でも司法相兼大法官に就いた。

3 H・ハーマン（Harman, Harriet Ruth／一九五〇〜 ）▽八二年に庶民院議員に初当選。ブレア政権誕生後、社会保険担当相となる。イラク戦争には反対を表明。ブラウン政権でも女性・平等担当相として入閣した。〇七年からブラウン、ミリバンド、コービンと党首交代後も副党首の地位にある。夫は労組の役員で労働党の幹部。

党綱領第四条（「生産、配分、交換の公的所有」）を存続させることを認めて大会に臨んでいた。政党綱領第四条の存続が、過半数をわずかに上回って認められた。ブレアは、かつてのゲイツケルと同じように第四条を変えられなかった。しかし、ブレアの党の現代化をめざす演説は、党員に温かく迎えられた。

ブレアは満足しているかのようであった。党の現代化について、若干の進展が見られた。接戦選挙区、労働党が空白の選挙区の半分で、候補者選考に女性候補者だけからなるショートリストを提出することが認められた。さらに、柔軟な政策の実施も認められた。

政党綱領の改定と「第三の道」

一九九五年三月、全国幹部会は、党員との集中的な議論の後、政党綱領第四条の改定案を承認した。八三年以降部分的に実施され、八七年以降には全面的に行われた政党目標改定の集大成であった。それは、社会主義と漸進的な改革主義との均衡を図った一九一八年[4]の綱領から社会主義を抑制し、漸進的な改革主義へ転換する試みであった。主要な公益事業に対する公的統制、平等な機会を保障する混合経済、政策決定の分権化、市民的権利を広く保障する民主主義などを目標にする漸進的な改革主義であった。基本原則が、政党綱領案の冒頭に表明された。

「労働党は、協働の努力を強化して、個人ではなしえないことを達成する。それは、われわれ一人一人が自らの能力を実現する手段を作り上げることであり、力と富と機会を少数者ではなく多くの人々に与える社会、享受する権利とそれにともなう義務を反映する社会、連帯と寛容と尊敬の精神で協働して自由に生きる社会を形成することである。」

社会主義も産業の国有化の言葉も存在しなかった。「第三の道」（Third Way）と称される政治の道であった。二つの大きな組合、運輸一般労働組合と、公共団体の合同組合（UNISON）の指導者が抵抗した。しかし、両組合は、公益事業などの再国有化に関心があるわけではなかった。労働党が、公的部門として残したものをどう管理するかに関心があるだけであった。

一般の党員、投票を行った組合の組合員は、新たな目的を宣言した新声明を熱狂的に支持した。投票の九〇%が、それを支持した。その結果、四月末に行われた特別会議で、第四条の改定案は、三分の二の支持を得て承認された。党員や組合員を代表する選挙区労働党、ならびに労働組合の選挙でも過半数を確保した。変化は、党を超えて広く支持されたのである。

世論調査は、労働党が三〇ポイントも保守党をリードしていることを明らかにしていた。また、四月初旬のスコットランドで行われた地方選挙の結果も、労働党に対する期待が表れていた。保守党は、その選挙で一一%の票しか確保できず、選挙区を改定したいずれの選挙区でも議席が得られなかった。

4　一九一八年▽イギリス政治の画期となった総選挙の年。一一月に第一次大戦が休戦、その直後の一二月に総選挙を実施（結果はロイド・ジョージ連立内閣の勝利）。戦中の保守・自由・労働連立内閣で改正した選挙制度により、二一歳以上の男性全員と、三〇歳以上の女性に選挙権が認められ、その後の労働党台頭を準備した。

世論調査で保守党低迷、労働党上昇

世論調査に見られた労働党の高い支持は、保守党政権の政策に対する不満が人々の間に高まっていたことに起因していた。国民保健サービス水準の悪化、収監業務の民営化などに対する国民の不満は、それらの責任を担うＶ・ボトムリー保健相やＭ・ハワード内務相の問題に対する関心の薄さとあいまって、収まることはなかった。さらに、付加価値税を燃料にまで拡大すること、水道料金の急激な値上げ、複雑な民営化を実施する前の英国鉄道の事故や混乱、教育支出の削減など、市民の日常生活に影響を与える様々な問題が、保守党への支持を悪化させた。国内問題について保守党政権が政策方針を変えないこと、ＥＣからＥＵに発展したヨーロッパ共同体問題も、党内対立から方針が定まらないことも続いていた。

他方、新しい政治方針で統一した労働党では、ブレアがこれまでの指導者よりも強い指導力を確保しつつあった。世論調査での人気を、政権の確保に結びつける絶好の位置にあった。一九九五年から九七年にかけて、世論調査での保守党の支持率は二〇％台に低迷、労働党に三〇ポイント以上も開けられた。メージャー政権は、「〝マイナー〟政権」として揶揄《やゆ》される始末であった。九二年四月に選出された保守党政権下の議会は、同党の低迷する支持状況を前提にすれば選挙は難しく、五年の任期を全うすると言われていた。こうして、次の選挙は九七年の五月一日となった。

九七年総選挙、地滑り的な大勝利

選挙が近づくにつれ、ブレアは、自由民主党（↓八七ページ）と連携することで、中道左派の運動を確実のものにしようとした。自由民主党の協力をえる代わりに、選挙制度の改革についての議論がなされ、この問題についての国民投票をすることがマニフェストに記載された。

新労働党の同じく重要な戦略は、豊かな労働者ならびに中産階級に、サッチャーの政策でもたらされた様々な利益や恩恵が政権交代で脅威にさらされないことを保障することであった。影の財務大臣G・ブラウンは、政権を獲得してから二年間は保守党政権の歳出計画を踏襲すること、所得税と付加価値税を上げないことを約束した。影の教育大臣D・ブランケットは、学校教育の水準を改善する動きを止めないこと、影の内務大臣J・ストローは、若年層の暴力や街頭の犯罪に毅然とした対策を講じることを強調した。

労働党の広報担当**A・キャンベル**[5]は、タブロイド紙の経営者とりわけ「サン（Sun）」（↓一二三ページ）の経営者R・マードックとの関係改善に尽力した。党の選挙放送も、著名な経営者からの支持を新たに獲得したことを強調した。

5 A・キャンベル（Campbell, Alastair John／一九五七〜　）▽タブロイド紙「デイリー・ミラー」の元記者。九四年から労働党のイメージ戦略に奔走し、政権奪還後は、首席報道官、戦略コミュニケーション局局長としてメディア対策を担当。ブレアの側近として政権を支えた。

こうして、マニフェスト「新労働党――イギリスはもっと良い状態を享受するに値する(new Labour because Britain deserves better)が提起された。

それは、政党綱領第四条を改定し、古い労働党に別れを告げ、新しい中道ならびに中道左派政治を推進し、イギリスの変化と革新につなげるとうたった。

①政策優先順位のトップに教育を位置づけること、②すべての人々の繁栄を促進すること、③利益を生み出す成功企業をつくり出すこと、④失業者には福祉から雇用への転換をはかること、⑤国民保健サービスを救済すること、⑥犯罪と犯罪の原因に厳しく対処すること、⑦家庭生活を強化すること、⑧環境、運輸、地方生活の改善など人々が自然に触れ、野外活動を促進する対策を進めること、⑨政治の浄化を進めること、⑩ヨーロッパでイギリスのリーダーシップを強化すること、などが明記された。

一八年の長きにわたる保守党政権を考慮すれば、政権交代も当然のような状況で選挙戦を迎えた。どの世論調査も、労働党が保守党を一〇ポイント以上も上回り、労働党の勝利を予想した。選挙結果は、世論調査が予想したように、労働党の地滑り的な大勝となった。

労働党は四一九議席、保守党は一六五議席、自由民主党は四六議席となり、労働党は過半数を

A.キャンベル(Campbell, Alastair John／1957~)の著書《The Blair Years》

Alastair Campbell, Arrow, 2008.

一七九議席上回ることになった。この先例のない結果は、一〇％を上回るスイングによってもたらされた。それは、一九四五年の歴史的な選挙のスイングをも上回っていた。労働党は労働者からの支持を一九六〇年代の水準にまで回復したのみならず、イングランド南東部の熟練労働者や専門職の労働者、まさに「中間層のイギリス人」に大きく浸透したことでもあった。

投票行動研究は、一九九七年選挙の結果は、これまでとは異なる新たな政治議題に対する信任投票であるというよりも、保守党の腐敗や政治的失敗に対する批判であることを明らかにしていた。労働党は四三・二％の得票率にとどまっていたし、保守党が三〇・七％、自由民主党が一六・八％の得票をしていたからである。要するに、七一・五％という低投票率に示されるように、保守党の支持者の多くが棄権したのである。

イギリスは、一八年間の保守党政権後の政権交代に安堵しているようであったが、労働党は、選挙結果を踏まえ、労働党が政権党にふさわしいことをさらにいっそう明らかにすることが必要であると考えていた。それは、経済運営や財政運営に優れた業績を上げることであった。

第一次ブレア政権の試み

第一次ブレア政権は、「第三の道」と称される中道左派の政治を展開することに明確な姿勢をとった。労働党と自由民主党から同数の代表者からなる共同内閣委員会が設立され、多くの事項が付託されたが、政策に大きな影響を与えなかった。選挙制度改革という重要な問題について、自由民主党の貴族院議員となっていた**R・ジェンキンス**（↓五一ページ）を委員長とする独立委員会が発足した。

　同委員会は、選挙区には優先順位付投票制、州については比例代表制を導入する選挙制度を提案した。ブレアは、表向きはこの改正に積極的な姿勢をとり、次の総選挙までに国民投票をする可能性を示唆した。さらに、スコットランド、ウエールズ、ロンドンについて新たな議会を創設すること、欧州議会選挙について比例代表制を導入することになった。しかし、小政党からの協力を必要としない多数の議席を確保した労働党は、マニフェストーにおける約束にもかかわらず、二〇〇一年の選挙で再度勝利すると、共同委員会は廃止された。

　ブレアは、故J・スミスから立憲制度に関わる改革を引き継いだ。この分野では、多くの重要なイニシアチブが開始された。しかし、それもまもなく道半ばになることが明らかになった。貴族院改革では、九二人の議員が削減されたが、新たな機能は導入されなかった。庶民院の改革についても多くの議論がなされたが、行われたことは議会運営に関わるスケジュールや時間配分などであった。当時大きく議論されていた、サッチャー政権から続いた議会立法に関する行政府の影響の増大を削減することについては、何もなされなかった。政党資金や選挙資金の問題については、政党資金の寄付者を明示化することや海外からの寄付を禁止する規制が導入されたが、政党助成を導入するかどうかについての議論は継続的になされなかった。

　ブレア政権は、利益団体についても様々な政策をマニフェストーで提示していた。いくつかは実行されたが、いくつかは希釈化され未完成のままにされた。猟犬を使ってのキツネ狩りの禁止は、反対にもかかわらず認められた。同性婚の婚姻同意年齢は、異性婚と同様にされたが、学校における同性愛を禁止する法律は撤回されなかった。

人権に関する欧州会議の諸原則が、九八年の人権法でイギリスの国内法に導入されたが、陪審員制を制限することや過去の事件の判決について情報開示することについては反対した。情報自由法は二〇〇〇年に導入されたが、四年間施行されなかった。さらに、情報開示について大臣の裁量権が認められた。火急の環境問題として、温室ガスの削減について、国際社会で指導的な役割を果たしたが、国内の運輸や農業問題について体系的な政策を実施しなかった。

「大統領型首相」への道

ブレアは、新しい労働党政権の諸原則について体系的な説明をなすために、多くの知識人を積極的に利用した。「第三の道」として知られる政策的立場は、自由主義と社民主義の新たな統合、自由と平等、個人主義と介入主義との新たな統合でもあった。ＬＳＥ（ロンドン・スクール・オブ・エコノミクス）の社会学者**Ａ・ギデンズ**[6]といった人々が積極的に関わったが、「第三の道」の議論は、多様なままであり続けた。

---

6 A・ギデンズ（Giddens, Anthony／一九三八〜　）▽LSEで修士、ケンブリッジ大で博士号。ケンブリッジで教鞭を執った後、LSEの学長。多くの著書があり邦訳も多い。"*Sociology：A Brief but Critical Introduction*"は一九八二年以来改訂を重ねており、邦訳『社会学』も九二年以来、改訂版を刊行中（二〇〇九年に第五版）。

やがてそれは、市場経済を大きく許容し、他方で教育、社会福祉などへの介入政策と、それを行うための立憲制度改革を効果的実行的にするためのある種のレトリックになってしまった。意味がなかったというわけではなく、「第三の道」の体系的な理論構築がなされなかった。それが政策実行の混乱を生み出すことにもなった。

労働党内部でも、いくつかの試みがなされた。地方の政党活動家が持つ理想主義と議会労働党が持つ実用主義との対立を最小化する目的で、ブレアは労働党綱領を明確に見直すことを宣言し、一九九八年に、九二年以降実質的に活動していなかった「全国政策フォーラム」を、一連の政策委員会の筆頭委員会として立ち上げた。地域や地方の問題については、全ての関係者に機会が与えられ、議員、欧州議会議員、地方議会議員の参加が認められた。原則的にこの組織は、通常の党員と職業政治家の接触の場であるが、議論は党の上層部から統制された。

どの争点が議論されるか、委員会がどう運営されるかを決定するのは、大臣たちであった。説明責任があいまいにされたため、地方議員の影響についても不透明であった。党員の影響についても、実態がわからなかった。他方で、決定作成の機関としての党大会の権限はかなり削減された。党大会は、党首のショーケースになりつつあった。

政権初期に党の統制に一貫性がない状況は、議会などの候補者選考にも表れた。候補者選考の選挙人団が設立され、党の選考をひるがえすことにもなった。ウエールズやロンドンで顕著であった。ウエールズではR・モーガンが、ロンドンでは、K・リビングストンが、最初労働党の候補者として立候補することが阻止されたにもかかわらず、結果的に人気があるという理由で選択された。党中央は、将来の候補者選考について一人一票制の導入を決定した。スコットランド議会が社会保障給付を上げるという選択についても、ロンドン市長の交通混雑に関して交通税を採ることについても、党中央は関与できなかった。

中央政府の活動について統制を強化したいというブレアの希望は、内閣での議論が個々の大臣等の定期会合に変えられたり、首相府のスタッフが新しい政策幹部会の下に二倍にされたことにも、明白であった。

首相室が、今や各省庁に考えを伝え、各省庁の詳細な業務を具体化する源となった。ブレアは、議会労働党から独立した存在となり、議会への出席も少なくなり、党首討論も週に一回と削減された。議会での投票も、採決の五%だけになった。首相室は、官庁以外から多くの特別アドヴァイザーを登用し、第二次ブレア政権では、全省庁で望ましい進展が見られるのかをチェックする行政サービス伝達室が創設され、厳しい統制を開始した。

政権当初、政策で重なるところも多かったクリントン米国大統領（左）とブレア。

中央統制の強化はPRにも適応された。全ての大臣声明の内容は首相室の広報局から明らかにされた。その機会は以前より三倍となったが、A・キャンベルの統制下におかれた。各省庁では、全ての記者発表原稿が、アドヴァイザーによって明らかにされた。省庁間の調整も、新たにつくられた首相室の戦略コミュニケーション局が仕切り、適切な政府メッセージがつくられることになった。こうして「大統領型首相」が誕生し、リスク管理を徹底させた「見せる政治」が展開された。

ブレア政権の経済政策

「〝新〟労働党」とブランド化されたブレアの政策展開は、「第三の道」と称された。それらは、第一次ブレア政権で、どのように展開されたのであろうか。

ブレアは、労働党に勝利をもたらした選挙で、労働党に新たに支持を与え、以前には保守党を支持していた豊かな中産階級、そしてまた、金融市場からの信頼を確保し維持することに、大きな関心を向けた。中心は、述べるまでもなく経済であった。その責任は、新たに財務大臣となったG・ブラウンに委ねられた。ブレアは、ブラウンに政府の経済政策について独占的な権限を与えることで、大臣の中でも高い独立を保障した。

ブラウンは、大きな経済方針として、インフレをおさえ、金利を下げ、政府債務を縮小し、慎重に適正な税率を定めることで、経済の安定を追求した。さらにまた、定期的に他の省庁と公共支出に関する協定を結ぶことで、内政全般に大きな影響も与えた。そればかりか、財務大臣に就任するとまもなく、政府が設定したインフレ目標の範囲内で、利率を自由に設定する権限を英国銀行の金融政策委員会に与えた。さらにまた、政府借款を長期投資のみに認め、それもGDPの四〇%を超えないことを約束した。ブレア政権の経済政策は、このように始まったのであった。

経済政策は、これに留まらない。ブレア第一次政権では、政府の公共支出を二年間にわたって増大させないこと、既存の税率は五年間にわたって変更しないというマニフェストの約束を実行することにした。社会状況も、ブレア政権に味方した。低迷していたイギリス経済は成長を見せ、税率を変えなくても税収は増大したからである。

さらに税収が拡大した。保守党政権で民営化した企業が大きな収益をあげ、それに対して課税するという「拾い物の課税政策（Windfall Tax）」、複雑であまり明らかにされないがガソリン税の増収、住宅ローン減税の廃止などで、追加的な歳入もあった。ブラウンの抑制的な財政政策にもかかわらず、歳入は増大し公共投資をなす十分な財源となった。

ブレア政権の社会保障政策

経済政策を別にして、イギリス社会に内在する格差や貧困に対しては、どうであったのであろうか。労働党とブラウン財務大臣は、子供と高齢者に焦点を当てた。低所得の家庭に生まれた子供たちが、結果的に貧しい人生のスタートをしなければならないことで格差が生まれること、すでに社会的貢献をなした高齢者の間に格差があることに注目した。

ブレア政権の中でブラウンがめざしたことは、全体の所得税率を下げるとともに、最低課税所得の制限を上げて課税し、子供を抱えた低所得の家庭に様々な税の免除を与えることであった。これらの政策は、最下層の人々の所得を一割ほど上昇させたと評価されることになった。

さらにまた、若者に対するニュー・ディールとして、「福祉」から「雇用」が標榜され、後に長期の若年失業者に拡大されたが、個人が抱えている困難に対する給付や、雇用主に対する六か月間の給与保障など、三六億ポンド（約四〇〇〇億円）が投入された。

社会政策を給付から雇用へ転換することで、約三〇万の雇用を生み出した。最低所得保障も増額され、二〇〇万人の年金生活者に追加的な生活保障費を提供するとともに、高齢者の暖房費助成のために冬季燃料手当も導入された。

ブレア政権のEU対策

国内の経済問題についで議論されたのは、イギリス政治にとって長年大きな問題であった**ヨーロッパ共同体**[7]との関係をどう構築するかであった。

ブレア政権は、労働組合対策もあって、**ヨーロッパ社会憲章**[8]に即座に署名した。ブレアは、「世界のイギリスから、ヨーロッパのイギリス」を標榜してヨーロッパに関与し、ヨーロッパ大陸諸国との間に新たな同盟を構築する外交を展開した。

結果的に、保守党政権期とは異なり、ヨーロッパにおけるイギリスの影響は強まり、EU（欧州連合。一九九三年に発足）の政策決定過程やヨーロッパの軍事政策に大きな力を発揮するようになった。それは同時に、外交政策、税制、社会保障、治安などの問題に対して、イギリスの拒否権を強めることでもあっ

同時代の欧米首脳たち。
左からシラク仏大統領、ブッシュ米大統領、ブレア、ベルルスコーニ伊首相

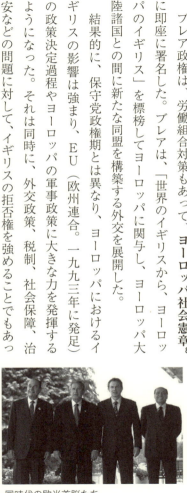

た。「ぎこちないイギリス」というヨーロッパに浸透していたイメージからの脱皮でもあった。だがしかし、財務大臣ブラウンは、提案されたヨーロッパ共通通貨ユーロ（二〇〇二年開始）への加入に懐疑的であった。ブラウンは、大陸主要国への実質的な経済統合にほかならないと主張した。

デフレからの脱却を模索するEUの通貨政策は、ブラウンの財政経済政策と一致するものであったが、国民の三分の二がポンドの存続を望んでいる状況を考えると、加入は難しく現実的な選択がなされた。

産業、労働政策と公共交通対策

ブレア政権は、産業の競争力、研究開発への投資、生産性の改善、地域開発を促進する広範な指針を制定した。しかし、産業に深く介入する政策はとらなかった。

7ヨーロッパ共同体（European Communities）▽通称「EC」。一九六七年、それまでの「欧州石炭鉄鋼共同体（ECSC）」「欧州経済共同体（EEC）」「欧州原子力共同体（EURATOM）」の三つの組織を統合して発足。九三年に共同市場への発展などを目指し「欧州連合」（EU／European Union）に再統合された。九七年のブレア政権誕生時の加盟国は、フランス、ドイツ、イタリア、ベルギー、オランダ、ルクセンブルク、イギリス（七三年加盟）、アイルランド、デンマーク、ギリシャ、スペイン、ポルトガル、フィンランド、オーストリア、スウェーデンの一五カ国。

8ヨーロッパ社会憲章▽欧州評議会（一九四九年、イギリスを含む一〇カ国で創設。後のEC、EUと重なる部分もあるが別組織）が、労働権と社会保障の権利を整備するため六一年に採択、九九年に発効した人権条約。

労使関係についても同じであった。労使間の自発的な合意が得られないため、選挙の公約を果たす目的で、組合の承認と最低賃金について立法を余儀なくされたが、基本的には介入は抑制された。一九九九年に制定された雇用関係法は、二〇人以上の被雇用者を有している職場で被雇用者の四〇％の支持があれば労働組合を認めることを規定した。結果的に、新たに承認された組合協定の数は倍増し、失業が減少するにつれて労働組合員の数も増加した。

さらに、最低賃金委員会は、時間当たりの最低賃金を三ポンド六〇ペンスに決定した。これは、雇用主が望んだ水準でもあったことからさらに増額された。その多くは女性労働者であったが、約二〇〇万の労働者を潤すことになった。

ブレアの新労働党は、保守党政権で進められた民営化を否定しないことを約束していた。しかし、国有財産の売却で公的サービスに再投資するという条件で、国有財産の売却を進めることが明らかにされた。最も問題を抱えていたのが、鉄道であった。九六年に民営化されたものの、事故が頻発して安全性が疑われ、利便性も悪く、新たな投資が必要であった。その解決は、鉄道会社レイルトラックのインフラを公的所有に戻すことであった。

しかしながら、ブレア政権は民営化を逆戻りさせないこと、公共投資を抑制することを公約していたために、妥協策がとられた。レイルトラック鉄道会社は会社のままで、非営利の民営トラストにされた。ロンドン地下鉄も同じような試みがなされたが、運行に大きな改善は見られなかった。

国民保健の困難と教育政策の深化

ブレアは、「国民保健サービスを救済する」政党としてキャンペーンを展開していた。しかしながら、問題が大きすぎて、第一次ブレア政権ではほとんど何も講じられなかった。資金も大きく投入されることはなかった。国民保健サービスの問題は、病院と契約して資金配分をなす地方のプライマリー・ケア・トラストにサービス財源を分権し、その一方で共通の基準を設定してサービスの質を点検する中央の新たな機関を創設した前保守党政権下の政策で、悪化していた。ブレアの第一次政権では、大きな改革もなされず、資金も投入されないサービスであり続けた。それゆえ、絶えず国民から新たな要求や要望が出される危機に直面し続けた。

国民保健サービスに比較して、ブレアは、教育を機会の平等を促進するための最重要政策として位置づけ、高度な専門技術を持った職業人を育成する教育改革が必要だと述べていた。さらにまた、保守党政権期に拡大した中産階級にも、教育の重点化が説得的で重要なメッセージになると考えていた。新教育大臣D・ブランケットの下で、就学前の教育施設の改善に大きな重点がおかれ、徐々に教育関係支出が拡大された。他方で、全国カリキュラムについて、学校が基準を達成しているかが計測され、生徒の評価、詳細な学校ランキング表、親による学校選択の制度などが、保守党政権と同じように継続された。こうして学校は、教師の実績、全体の達成目標について、政府の直接的な監視にさらされることになった。

高等教育についても改革がなされ、低所得者には特別ローンが与えられるが、大学の授業料は、無料ではなくなり自己資金で払わなければならなくなった。多様な奨学金も廃止され、授業料を先行的に支払うことが導入された。その後、卒業後に一定の収入を得られると支払いを求められる後払い制となった。労働党支持者の間には教員や教員組合が多いことから、これらの改革は論争となり不満の種であり続けた。

新たな治安対策と移民政策

一九六〇年代からイギリスで課題となっていた問題を受け、ブレアが意識的に取り組んだ領域がある。「法と秩序」の問題である。ブレアは、タブロイド紙の批判をかわし、保守党の政策に対抗してそれに挑戦する意味でも、「法と秩序」の問題に厳格な対応をとる必要性があると考えた。結果的に、犯罪からの更生などは無視されることになった。若年層の犯罪者に対しては、自己責任が強調されることになった。裁判所も、拘留判決を増加させることを余儀なくされた。

この問題を指揮したのが、内務大臣のJ・ストロー(↓一四三ページ)である。彼は、落書きとか破壊行為などの軽微な犯罪に対しても、保守党が行った「寛容ゼロ」政策を拡大して適応した。一九九八年には、

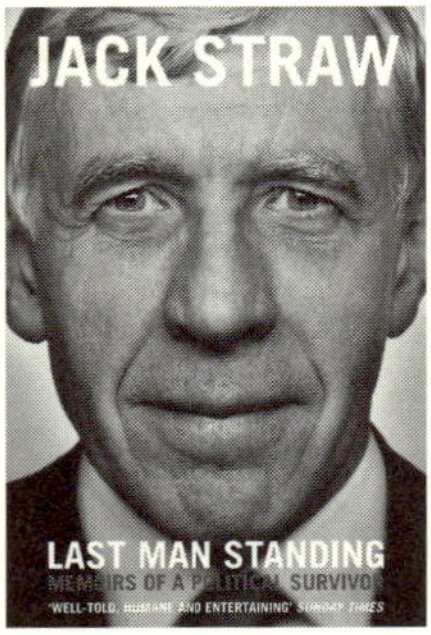

J.ストロー(Straw,Jack／1946～　)の著書《Last Man Standing: Memoirs of a Political Survivor》

Jack Straw, Pan, 2013.

新たに犯罪不秩序法をつくり、「反社会行動規則」を導入した。夜間外出禁止令であった。これに違反すると、五年間の拘禁か五〇〇〇ポンドの罰金刑が科せられた。

さらにまた、若年層の犯罪者には、謝罪ばかりでなく、引き起こした損害を修復することを命じる「賠償命令」も導入した。さらにストローは、民間刑務所に反対するという労働党の政策を翻し、早期釈放、夜間外出禁止、エレクトロニクスによる犯罪者認証の利用などに加えて、新たに四つの民間刑務所を開設した。マリファナに対して法の適応の緩和を求める警察連盟からの要求を無視して、ドラッグに対しても厳格に対処することを決定した。

他方で、ブレア政権は、移民と民族政策については、多くの重要な政策を導入した。すでにイギリスに居住している人物については、その夫や妻に居住を認めた。専門能力や技術を持っている経済移民に対しては労働許可を与えた。さらにまた、民族関係法の適応を、警察や公的機関に拡大した。他方で、タブロイド紙が、「政治難民」や「政治亡命」から生じる危機を煽るために、それを緩和する対応策もとった。こうして、前の政権である保守党の政策が、一九九九年の移民・政治亡命法によって継続され拡大されることになった。この法は、政治決定に反訴する権利、社会保障給付の権利を取り除くとともに、亡命者の入国を難しくさせた。

これらの政策にみられるように、ブレア第一次政権の政策展開は、多くの試みが混在しているために明確に定義することが難しい状況にあった。経済や社会保障の分野では、人々の「雇用可能性」を追求する「給付から雇用へ」の政策展開がなされ、ある意味では革新的であった。人々に給付ではなく、能力を獲得させることが「福祉」とされたからである。労働党の福祉政策の新たな展開であった。

しかし、新自由主義の「新公共経営（New Public Management［NPM］）」論を基にした行政改革や行政評価など、多くの国内政策の領域で、保守党が展開した方法が残された。簡素な政府の中で、経済的、効率的、効果的行政を作り上げる時代の要請でもあった。

こうした政策は、ブレアの労働党が新たに取り込んだ中産階級の浮動投票層の意にかなうものであった。だがそれは他方で、古くから労働党を支持してきた公共機関の多くの労働者を失望させることでもあった。こうして国民の評価は、相半ばとなっていった。

揺れる評価の中で総選挙に向かう

ブレア政権は、世論調査を見る限り、政権の半ばに支持を低下させ、次の選挙に向けて様々な対策で支持を回復させるという、いつもの「世論循環」から脱しているかのようであった。

保守党は政権を失って勢いを失い、ＥＵとどう関係するかで分裂し、イギリス経済の運営でも信頼を失っていた。自由民主党も、その支持がイギリス全土で分散されている限り飛躍が望めない状況が続いていた。その状況は、ブレア政権にとって有利であったが、それらが安定的な支持につながってはいなかった。

ブレアは、政党の現代化を標榜し、その政策の源流を、労働党が主導したイギリス伝統の改良主義、キリスト教主義社会主義、自由主義に求めたのであった。しかし、それは、労働党の活動家の多くの考えを変えることにならなかったし、議会労働党にブレア派の「新労働」グループを拡大することにもならなかった。そうした中で、ブレアの政治は揺れを見せた。労働党の議席は圧倒的であったから、他党との連携に大きな努力を費やすことが少なくなった。

党内の評価も相半ばしていたから、結果的に選挙民を意識した政治が展開された。新自由主義の批判が高まれば介入主義が強まり、成果を求める統制に対する批判が強まれば個人主義で自由主義的な政策が強調された。ポピュリズム政治の様相が現れ、「第三の道」の政治がますます不明確になった。それゆえ、第一次ブレア政権期間中の様々なレベルの選挙は揺れ続けた。世論調査で、高い評価を得ながら、結果が出ないのである。一九九八年から二〇〇〇年にかけての地方選挙、九九年のスコットランドとウェールズの議会選挙、二〇〇〇年のロンドン市議会選挙のすべてが、実際の選挙結果では、世論調査の支持率を下回った。

典型的に現れたのが、欧州議会（→八五ページ）選挙であった。九九年の欧州議会選挙は、著しい低投票率の中で、労働党は二八％の票しか確保できなかった。保守党は三六％、自民党は一三％であった。この結果は、労働党の選挙基盤が、「新労働党」と「第三の道」の政策展開で、必ずしも開拓されていないことを明らかにした。

ブレア政権には、「第三の道」をさらに明確にすること、それが明示的な成果をもたらしていることを、選挙民に明示的な形で見せることが求められていた。迫りつつある次の選挙に向けての大きな課題であった。

7章 ブレアからブラウンへ

第一次ブレア政権後期の動き

ブレア第一次政権も後半になると、経済政策で明確な成果を上げるという政権発足前からの戦略から、保健や教育などの社会政策へ投資水準を上げる可能性を探りはじめた。それらは、階級を超えて全ての選挙民にアピールする上でも必要であった。

二〇〇〇年六月、ブラウン財務大臣は、向こう三年間主要な公共サービスに四三〇億ポンドの追加投資をすることを宣言した。それは、公共サービスへの「支出」と表現されず、「投資」であるとされた。さらにまた、増税に踏み切ることも初めて表明された。ブレア政権は、必要なところに必要なサービスを効率的に提供する「配分革命」を推進するとして、政府内に配分ユニットが創設された。し

T.ブレア（Blair, Tony [Anthony Charles Lynton]／1953~）　⇒p.186

かし、ある意味で労働党の伝統的な政策への転換は、予測もしない反対に直面した。九月になって、大型トラックの運転手によるガソリン税増税反対の抗議行動が生じて広がり、多くの人々から支持を得ることになった。ブレア政権は、譲歩を余儀なくされた。次期選挙に向けて攻勢をかけなければならない時に、守勢を余儀なくされた。

こうして、選挙キャンペーンは、傷口を広げないような守りの姿勢で開始されることになった。ブラウン財務大臣は、一転して、多くの税問題についてあいまいな姿勢を取り続けた。ブレア首相も、支出増には、資源を経済的、効果的、効率的に使用するという政策評価を徹底化すること、民間企業との協働を進めるという一連の行政改革を確実にすることによってなされるということを強調し、新労働党の当初からの政策イニシアチブの発展にほかならないと強調した。

ブレアは五月になって議会を解散し、六月の総選挙となった。新労働党の政策効果が寄与したかどうかは定かではなかったが、インフレ率と失業率は下がり、GDPは上昇していた。それを反映してか、労働党の世論調査における支持は保守党のそれを一五ポイントも上回っていた。野党保守党は「常識の時」と題するマニフェストーを提示し、お決まりのように、減税や反ヨーロッパ主義を標榜した。自由民主党は、「自由、正義、誠実」と題するマニフェストーを提示して、所得税の一％増税、一〇万ポンド以上の所得層に対しては税率を五〇％にするという増税を訴えた。

労働党は、マニフェストー「イギリスための大いなる希望」（Ambitions for Britain）を提示し、所得税並びに付加価値税の増税をしないこと、運輸と都市再開発を中心に投資を行うこと、教育改革をさらに進めることなどを約束した。労働党の世論調査での圧倒的リードによってか、選挙の熱気は失われていた。新労働党の政治は不明確であり続けたが、第一次ブレア政権に大きな失政があるとも指摘されなかった。ブレア政権の再選が揺るがない状況で選挙戦は進んだ。こうして、ブレア政権は、五九・四％と戦後最低の投票率で追認されることになった。

労働党は四〇・七％の得票で四一二議席、保守党は三一・七％の得票で一六六議席、自由民主党は一八・三％の得票で五二議席となった。ブレア政権は、一六六議席も過半数を上回って、第二次政権を誕生させた。しかし、一九九七年の熱気は失われていた。労働党の金城湯池である北イングランドやウェールズで議席を確保したが、得票率は減少していた。労働組合票も減少を見せていた。ブレア新労働党は、他の政党より良好な状況であったが、陰りを内包しながら、第二次政権を開始した。

ブレア第二次政権の内政

ブレア第二次政権の成立に寄与したものは、ブラウン財務大臣の継続的で賢明な経済政策や好調な経済状況であった。それらは、有権者のみならず市場も満足させていた。

第二次ブレア政権の政策展開も、税制や福祉などすでに進められていた方向に沿って行われることになった。政権発足後の二〇〇二年の予算は、わずかな増税をもとにしてつくられ、国民健康保険の増額や教育や保健への投資に充てられた。基礎年金額も上乗せされ、高齢者向け給付の増額もなされた。新たな試みもあった。代表例が、政府の出資をもとにつくられ、その後は人々からの寄付で運営し、全ての子供が資金的な援助を受ける子供信託基金の設立であった。このような試みは、失業者から、母子家庭や父子家庭、障がい者や様々な社会的不利益を被っている人々、いわゆる社会復帰が難しい人々にまで拡大された。

結果として、税控除なども社会復帰ができたこれらの人に々まで拡大された。最低賃金も、二段階で上げられ、時間当たり二ポンド四〇ペンスとなった。経済と社会政策との間に新たな関係をつくり上げ、慎重に運営することで、財務大臣ブラウンは、人材開発と主要な公共サービスの再生のための基金づくりを中心に、福祉国家の再形成を静かに進めた。ブラウンは、ユーロ加入のための経済的な検証をしなければならないとは考えてはいなかった。

ブレアのEU（欧州連合）に対する態度は、全体として積極的であった。ブレアと外務大臣のJ・ストローは、EU内部に民主的手続きを導入して推進することや、EU加盟国を東欧地域へ拡大することに、積極的に関与し続けていた。〇二年一〇月、EUは、**ローマ条約**[1]に代わる新たな条約、**ヨーロッパ憲章案**[2]を提起した。

この憲章案をめぐって、イギリス国内に論争が生じた。ブレア政権は、当初、新たな憲章の改

1ローマ条約▽一九五七年、「欧州経済共同体（EEC）」と「欧州原子力共同体」（EURATOM）を設立した際の条約。ベルギー、西ドイツ、フランス、イタリア、ルクセンブルク、オランダの六カ国で調印。その後、六七年のEC、九三年のEUと、統合が発展し加盟国が増えた後も、基本条約として効力を持った。

2ヨーロッパ憲章案▽欧州憲法条約（EU憲法条約）案ともいう。二〇〇四年、イギリスを含む加盟国が署名したが、〇五年、国家主権の制限などの懸念から、フランスとオランダが国民投票を実施し、両国とも条約批准を拒否。その結果、「案」のまま廃案となる。その後、仕切り直ししてリスボン条約にいたる（→一八一ページ）。

正がわずかであるから、国民投票による批准には及ばないと述べていた。しかし、様々なところからの圧力に応じて、二〇〇四年四月になって国民投票を約束した。六月の欧州議会選挙は、そうしたブレア政権のEU政策に対する人々の世論を反映するものになった。労働党は二七％の得票で一九議席を確保したが、保守党の二七％で二八議席に及ばなかった。自由民主党は一五％で、一二議席を獲得した。英国独立党（UKIP／→二〇五ページ）が一六％の得票で一二議席を獲得したが、それもイギリス世論がEUの新たな憲章に前向きでないことを示していた。イギリスの帝国主義の意識が、このような時に見え隠れするのであった。

ブレア政権は、ヨーロッパ諸国が新憲章を認めても、国家の主権を侵害しない限界線を引くのだといって予防線を張っていた。〇四年六月になって、新憲章がダブリンで承認されると、この憲章はイギリスの主権を侵害する限界線を越えていないと述べた。EUは新たな段階に入り、そのEUへの関与をどうするのかについて何ら根本的な解決を見なかったが、当面、EU問題は、近づきつつあった総選挙の主要な問題ではなくなってしまった。

政策実行が進展すると、公共サービスの改革をめぐって、ブレアとブラウンの間に亀裂が生じ始めた。彼らは、公共サービスにおける民間部門の役割の拡大については意見が一致していたが、ブレアは市場と選択を強調し、個人主義的なアプローチを志向していた。他方で、ブラウンは、中央による統制と平等を強調し、介入主義的なアプローチを志向していた。

〇四年の初頭に、ブレアは各省庁が、さらなる改革を進めるために五か年計画を策定することを主要省庁に要求した。それは、ブラウンの支出計画をはっきりと翻す試みでもあった。その行方は定かではなくなった。民間部門の関与の拡大は、有権者の間でも、労働組合を中心に不評であり続けた。古い福祉国家から、新労働党が喧伝していた新しい福祉社会への移行は、人々の政治意識の転換のみならず、政権内部でも十分に進んではいなかった。それが、ブレア政権のアプローチの揺れをもたらした。やがてそれが、折衷的な未完の政権というイメージをもたらした。

ブッシュの「テロとの戦い」を熱心に支持

ブレア第一次政権における外交は相対的に順調で、党内でも議会でも大きな論争を引き起こさなかった。しかし、二〇〇一年九月一一日のニューヨークにおける世界貿易センターを破壊したテロ以降、国際紛争の問題が全く予測しえない形でイギリス政治を支配することになった。

外務大臣のR・クックは、人権を中心に「道徳的ないし倫理的」外交政策を展開し、内政不干渉の立場をとっていた。だが「九・一一」以後、ブレアは内政干渉をためらわない立場を取りはじめた。当初は、国連を中心に多国間の合意の下に干渉する方針であったが、次第にアメリカとの二国間関係を中心に展開されることになった。最初が**コソボ介入**[3]であった。ミロシェビッ

3コソボ介入▽一九九二年に解体したユーゴスラビアで九〇年代半ばからセルビア共和国内のコソボ州で独立をめざすアルバニア系住民と解放軍、セルビア軍との争いが激化。九割を占めるアルバニア系住民へのミロシェビッチ大統領独裁体制による虐殺行為が広がり、難民が発生。九九年、NATO軍は「人道」介入を掲げセルビアへ空爆を開始。これを主導したのがブレアであり、NATO軍の主力は米空軍と米英仏独などの陸軍。米ソ冷戦時代にも実戦に至らなかったNATO軍による（国連決議を経ない）派兵は、内外で激しい議論を呼んだ。

チに対する制裁は、国連よりもＮＡＴＯ（北大西洋条約機構）主導で実施された。

イギリスとアメリカとの「特別な関係」は、冷戦期には大きな価値を持っていた。しかし一九九〇年代になると、イギリスがアメリカと共同歩調をとることで、イギリスが確保していた国際的威信は揺らいでいた。共同歩調は軍事的関与を余儀なくし、それが財政的・人的コストに値するかが問題となり始めていた。

九八年の後半に開始されたイラクのサダム・フセイン体制に対するアメリカの制裁キャンペーンは、孤立していた。それが成功するかどうかも議論の余地が多いものであった。それにもかかわらず、ブレアは、アメリカとの伝統的な関係を悪化させるという保守党の批判に先んじるかのように、アメリカと共同することを決定した。結果的に、二〇〇〇年に共和党のブッシュ政権が誕生した後にも、アメリカとの関係構築に腐心した。「九・一一」以後の「テロとの戦い」が、潜在的な脅威に対する先行的な攻撃であることが次第に明らかになっても、ブッシュの「テロとの戦い」の熱心な支持者であり続けた。

アフガニスタンでタリバン体制が崩壊すると、アメリカは視点をイラクのフセイン体制に向け、イラクが国連決議に従うこと、大量殺戮兵器を放棄することを要求した。

〇一年一一月、国連決議に対するイラクの拒否に対してどう対処するかについての国連安保理での交渉の結果、拒否を

ブレアは、イラクの攻撃に踏み切った米ブッシュ政権を全面的に支持した。

続ければ「重大な結果」を伴うという国連決議一四四一号を満場一致で採択した。フセインがその後も拒否し続けていたため、アメリカとイギリスはさらに、軍事力の使用を認める国連決議を求めた。

他方、イギリスで、ブレアは、〇二年九月に、イラクが四五分で大量殺戮兵器を配備できるとする諜報機関の関係文書を明らかにした。〇三年二月、百万の人々が、軍事行為に反対してロンドンに終結した。安保理での協議は続けられたが、フランスは軍事行為に拒否権を行使することを明らかにした。イギリスとアメリカは、国連決議一四四一号が軍事行為を正当化しているという法律顧問の助言を基に、三月二〇日爆撃を開始した。その二日前、イギリス議会は、四一二対一四九票で軍事行為を認めた。

党規律に従わない多くの議員が出現した。保守党の幹部は政府決定を支持したが、一五人の保守党議員が反対した。労働党では、R・クックが二人の政務担当大臣とともに辞任し、院内幹事の努力にも関わらず、その半数は幹部議員ではなかったが、一三九人の議員が反対した。国際開発大臣**C・ショート**[4]は、八週間も迷いに迷い五月になって辞任した。

三週間の戦いの後、フセイン体制は崩壊した。しかし、勝利とは程遠い結果がもたらされた。ゲリラ戦抵抗勢力のテロは続き、自爆テロも頻発した。それらが、連合軍の再建を難しくした。

---

4 C・ショート（Short, Clare／一九四六〜）▽一九八三年庶民院議員に初当選。影の内閣時代からブレアを支えた女性閣僚の一人。フセイン体制の脅威は認めていたが、国連決議よりもアメリカ重視、閣議軽視のブレアの方針に反発。辞任後、ブレアがイラクの大量破壊兵器の存在を誇張し国民を欺いたとして激しく非難した。

も続き、連合軍なみならずイラク人にも大きな犠牲を強いた。ブレアには、勝利の高揚感はもたらされなかった。

イラク侵攻の影響はこれにとどまらなかった。二〇〇三年五月、BBCのラジオニュースは、首相官邸が戦争を正当化するために関係文書をでっち上げたという政府専門高官からの証言があると報じた。外交問題特別委員会が議会の調査を進め、武器専門家ケリー博士が厳しい尋問を受け、博士がBBCニュースの情報源であることを明らかにした。〇三年七月、自殺を図ったケリー博士の遺体が発見された。

ブレアは、博士の死をめぐる状況を調査する司法調査委員会を立ち上げた。**ハットン卿**[5]が任にあたった。調査委員会は、ブレア、諜報機関MI6の長官、首相広報官A・キャンベル、BBCラジオニュースのジャーナリストであるA・ギリガン（Gilligan, Andrew）などあらゆる関係者から聞き取りを行い、〇四年一月報告書を提出した。報告書は政府の関与がなかったことを明らかにし、BBCを非難した。BBCでは、経営委員長と会長が辞任となった。これら一連の出来事は、政府の信頼を著しく傷つけることになった。労働党の支持者の多くも、失望を隠せなかった。〇四年一月、政府は**バトラー卿**[6]に命じて、イラクの大量殺戮《さつりく》兵器を評価する際になぜ諜報機関が失敗したかを調査させた。七月になって、バトラー卿は、首相官邸や諜報機関MI6が故意にウソをついたわけではないことを明らかにする報告書を提出した。

同時に、それは、ソファーに座って非公式の情報を頼りに政権を運営し、「ばらばらで、つぎはぎだらけの材料」を「広く詳細にして権威ある」ものとして提示するブレアの政治スタイルを批判していた。イラク紛争の余波は続いていた。ブレア自身もブレアの同僚たちも、ブレアは辞任すべきなのかを問いかけているようであった。

低投票率で決まった〇五年総選挙

外交における躓《つま》きから、労働党は支持率を低下させた。二〇〇四年の後半から保守と労働の支持率は、急速に接近した。そうした中で、選挙年二〇〇五年を迎えた。

ブレアは、四月になって五月八日の総選挙を宣言し、四月一一日に議会を解散した。労働党のマニフェスト「イギリスは前進する、後戻りはしない」(Britain forward, not back)は、公的サービスを人々の要求によりかなうものにすること、社会的困難を抱えた家族を支えること、経済的安定を維持すること、漸進《ぜんしん》主義の合意をさらに拡大することを述べていた。

保守党のマニフェストーは貧困であった。「イギリスのための戦い」とされ、「我々が変わったことを理解してほしい」と訴えていたが、税、犯罪、移民などについてこれまでの保守党が掲げて

5ハットン卿(Brian Hutton, Baron Hutton／一九三一～　)▽北アイルランドの判事。調査報告に対しては各メディアが疑問を呈した。ケリー博士の自殺の原因究明に特化した報告にも、国民から不満が起こった。

6バトラー卿(Robin Butler, Baron Butler of Brockwell／一九三八～　)▽貴族院議員。サッチャー政権で首席首相秘書官。ブレア政権がイラク攻撃の根拠とした「フセインは四五分間で大量破壊兵器を配備することが可能」(だから先制攻撃が必要)という主張に確たる根拠はなかったと報告。

きたものの再掲であった。メディアは、〇一年のマニフェストの半分、一九九七年のそれの三分の一の長さに過ぎないと揶揄していた。政権運営のためのプログラムとは言えないものであった。

好調であった自由民主党は、地方所得税の導入とその内容を、さらに一〇万ポンド以上の高額所得者には五〇％の税率を適応することを訴えるマニフェストを提出した。ブレアとブラウンは、一体となってキャンペーンを展開した。それは、党内が一致していることを示すためのものであったが、後継者としてのブラウンを広く印象づけることにもなった。

選挙は低調で、〇一年の総選挙と同じように、六一・二％と戦後二番目の低投票率であった。選挙結果は驚きであった。労働党は過半数を六六議席上回り勝利したが、イギリスの選挙史上、三五・二％という低得票率で過半数を上回る勝利は初めてのことであった。保守党は、ブレア政権の不人気を勝利につなげることができなかった。保守党と労働党が確保した得票は合わせても七〇％を割り、イギリス型二大政党制の陰りをうかがわせた。それは同時に、ブレア政権の終わりの始まりを示唆するものであった。第三次ブレア政権は、以前の威勢を失う中で開始された。

ロンドン・テロ、そしてブレア退陣

三選を果たしたブレアは、政権を全うすると宣言していた。二〇〇五年七月六日、国際オリンピック委員会のロゲ会長が、一二年のオリンピック大会開催地を、ロンドンとすることを宣言した。歓喜がイギリスを支配した。しかし、歓喜は長くは続かなかった。

翌七月七日、テロリストが**ロンドンで自爆テロ**[7]を起こした。五二人が死亡した。ブレアは、スコットランドのグレンイーグルで開かれていた先進八か国のサミットを急遽取りやめて、ロンドンに戻った。イギリス政治は、大きな転機を迎えることになった。

一九九七年から続いた労働党政権下で、イギリスは継続的に経済成長し、それが〇一年と〇五年の総選挙での勝利をもたらし、首相ブレアと財務相ブラウンへの高い評価をつくり出していた。しかし、イギリスの政治や社会を支配していた明るい見通しや楽観主義は、このテロ事件で大きく変わることになった。

〇六年五月のイングランドの地方選挙で、労働党は二五四人の地方議員を失い、一八の町で支配権を失った。ブレアは大きな内閣改造を試みたが、指導力の低下は明らかであった。ブレアは九月になると、「今年の労働党大会が党首としての最後の大会

2005年7月6日、サミット参加国首脳を代表して記者会見を行うブレア。「テロには結束して対抗する」と声明を出した翌日、ロンドンでテロが発生した。

7ロンドンで自爆テロ▽「ロンドン同時爆破テロ」(7 July 2005 London bombings)と呼ばれる。早朝一時間以内に、市内の地下鉄車輌内で三ヵ所、大英博物館近くで二階立てバスが一台、爆破された。死者五二人のほか、重軽傷者七〇〇人以上を出した。実行犯四名も死亡。当初、イスラム系過激組織に属する外国人の犯行とみられていたが、その後の捜査で、国際テロ組織に影響を受けたイギリス在住者が犯人とされている。

になる」と表明した。

二〇〇七年五月になって正式に辞意を表明し、自らの選挙区セッジフィールド（イングランド北部）に飛んだ。一九八三年からブレアを支え続けてきたセッジフィールド選挙区で、ブレアは時に言葉をつまらせながら、「イギリスにとって正しいと信じることを行ってきた」、「私は間違っていたかもしれないが、最後に判断を下すのはみなさんだ」と述べて、選挙区の人々に別れを告げた。

ブレアが党首になってから一三年、首相になってから一〇年、イギリス政治はブレアに別れを告げ、G・ブラウンに引き継がれることになった。ブラウンはマンチェスターでの特別党大会で党首に選任された。六月二七日、ブラウンは「変化」を掲げて首相官邸に入った。世論調査は、〇六年三月以降、初めて労働党の支持率が四ポイント程度で保守党を上回っていることを明らかにした。

ブラウンの経歴と政治指導

G・ブラウンは、スコットランドの南東部、フォース湾に面したカーコルディの町のスコットランド教会の牧師の息子として生を受けた。ブラウンが、「人生との戦いで躓《つまず》いた人々と連帯することは、私たちの義務であると学んだのは、教会である」と述べたように、牧師としての父が、彼の人生や労働党への加入などに大きな影響を与えたようである。

一六歳でエディンバラ大学に入り、じきに優秀な学生として知られるようになった。大学運営にも関わり、大学を運営する機構の一員に学生代表として選出された。大学の講師、ジャーナリストを経て、一九八三年に生まれ故郷の選挙区から議員に選出された。同じ年に選出されたT・ブレアと交流を重ね、労働党を現代化しなければならないとの思いを共有し、ともに影の内閣の階段を上った。労働党の中枢に長い間とどまり、九二年からは影の財務大臣として政策形成に携わり、労働党の次世代を担う重要な人材としてみなされるようになった。

九四年のJ・スミスの突然の死後、ブレアとブラウンが有力な後継者として浮上したが、労働党はブレアを選択した。二人の間にどのような合意があったかわからないが、労働党の現代化をめざす党内部の人々を割らないためにブラウンが退いたといわれている。結果的に、ブラウンは財務相としての地位を獲得し、九七年に誕生したブレア政権の国内政策に大きな影響をおよぼした。そしてまた、ブレア退陣後の後継者として、早くから期待されていた。

ブレア政権の財務大臣としては、公定歩合を決める権限を財務省から英国銀行に移管し、税ならびに給付システムを改定し、ブレアの希望に反してユーロ加入を延期するなどの政策を実施した。九〇年代後期から二〇〇〇年代の景気に支えられて、インフレの抑制など安定的に経済を運営した。他方で、所得税率の抑制、公共投資の抑制などを行う一方、教育、保健、運輸など主要な公共部門への投資を重点化した。安定的な経済運営は財務大臣としての評価を高め、ブレア政

G.ブラウン
(Brown, James Gordon
／1951～)　⇒p.188

権の期間中続いた。

ブラウンは政権を担うと、ブレア内閣の財務大臣時代に形成したネットワークを活用し、それらの人々を登用した。財務大臣に**A・ダーリング**[8]を抜擢し、ブラウンの経済アドヴァイザーであった**E・ボールズ**[9]を子供・学校・家庭大臣に起用したことなどがその代表である。その意味で、やや内向きで、ブラウンの個人的色彩の強い内閣が形成された。ブラウンは、各省の細かいところまで関与することや、決定を下す前に新たな助言を求めたり、特定の問題について多くの資料を求めたりするなど、なかなか即断しないというのが閣僚の評判であった。

労働・年金大臣とウェールズ担当大臣として活躍した**P・ヘイン**[10]は、その回想録で、一度に様々な問題を扱うブレアのやり方と比較して、「ブラウンは、その日のある問題についての法的な詳細について繰り返し問い返し、他の問題を遠ざけた」と述べている。また、ブラウンに乞われて〇八年に内閣に復帰したP・マンデルソン（→一一三ページ）は、首相官邸に効果的なスタッフがいないことが内閣の脆弱性を生み、無秩序な政権運営につながっていると考えていた。

このように、ブラウンは誠実な政治家であったが、内閣は統一力が欠けていて、火急のことを処理する統制的な体制をつくり上げることはできなかった。ブラウン政権の後半になって、首相官邸の運営は改善されたと言われるが、長期的な戦略を構築するより、出来事に対処的な政治手法は変わらなかった。

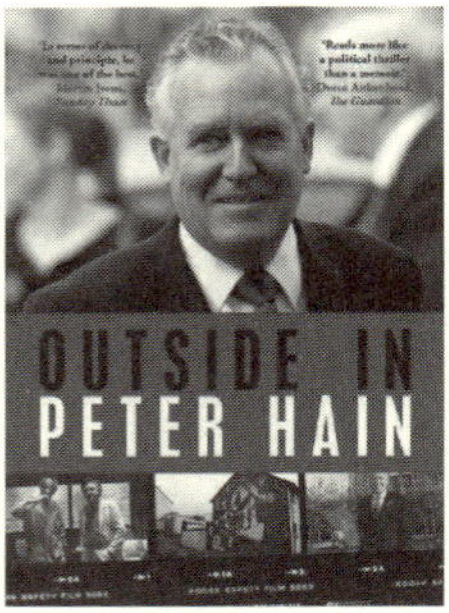

P.ヘイン（Hain,Peter Gerald／1950～　）の著書《Outside In》

Peter Hain, Biteback Publishing, 2012..

新機軸を打ち出せないブラウン

ブラウン政権は、テロ攻撃、口蹄疫《こうていえき》、水害などの問題に取り組んだ二〇〇七年の夏には、短いながらも高い評価を確保していた。イメージ先行のブレアよりも明確で誠実であるとの評判であった。

しかしながら、まもなくブラウンの政治判断が疑問に付されることになった。一〇月になると、早い段階の総選挙が行われるという憶測の中、ブラウンは突然自分自身に与えられた任務を全うすると述べて早期の解散憶測を否定した。転換の主な理由は、保守党が相続に対する課税を一〇〇万ポンドからにするという突然の表明で、世論調査での支持を拡大したことにあった。

世論に左右されないことを示す首相の試みは、人々に受け入れられず、選挙民の思惑をはずす「あてにならないブラウン」と揶揄されることになった。この事件は決断できないというブラウ

8 A・ダーリング（Darling, Alistair Maclean／一九五三～）▽弁護士出身。一九八七年庶民院議員に初当選。影の内閣で財務省担当、ブレア政権誕生後は社会保障相、運輸相などを歴任。ブラウン内閣では発足から退陣まで財務相。両内閣で重要閣僚を務めたのは、ダーリングのほかにJ・ストロー（→一四三ページ）がいる。

9 E・ボールズ（Balls, Edward Michael／一九六七～）▽「フィナンシャル・タイムズ」記者出身。二〇代でブラウンの指南役となり、影の財務相時代から側近として支え続けた。〇五年庶民院議員に初当選。一〇年の党首選に立つがミリバンドに敗北。ブラウン政権で住宅相などを歴任したY・クーパー（Yvette Cooper）は妻。

10 P・ヘイン（Hain, Peter Gerald／一九五〇～）▽九一年に庶民院議員に初当選。ケニアで生まれ、南アフリカで育つ。このため早くから反アパルトヘイト運動に関与。ブレア内閣で北アイルランド担当相として初入閣。〇七年ブレア退陣に伴う副党首選（プレスコットの後任）に立つもH・ハーマンに敗北。

ンの評判を確定的なものにし、彼の指導力に打撃となった。

ブラウンは、政権に就くと「新たな変化を開始しよう」と述べ、労働党の「新たな出発」を強調した。しかしそれは、一〇年間もブレアと政権を伴にしていたと考える多くの労働党員に新鮮な響きを持たなかった。選挙民も同じであった。

党派争いに明け暮れる政治を超越するとして、「有能な人材からなる政府」（Government Of All The Talents〔通称GOATS〕）として民間人を大臣に登用したが、長くは続かなかった。さらに、ブレアとの差異化を図って、歴史的に形成された首相権限を抑制するなど、多くの憲法制度に関わる提案もほとんどが実現されなかった。選挙によって選出される議員からなる上院の創設、選挙制度の変更に関わる提案も、政権末期に提出されただけであった。安全保障の問題では、ブレアにならって、テロの容疑者の拘留期間を二八日から四二日に拡大するという厳しい姿勢を取ったが、上院で否決された。

二〇〇九年六月になって、ブラウンは公共サービスに関わる政策を統合して「英国の未来をつくり上げよう」という政策を公表した。一定期間内での治療を保障すること、公立校の生徒に授業料を個人的に支給するなどの画期的な提案が含まれていたが、あまりにも遅くて議会で承認されることはなかった。

外交においても明示的な姿勢を打ち出せなかった。〇七年一二月、ブラウンは、ブレア政権が交渉にあたったヨーロッパ統合に関する新たな条約、**リスボン条約**[11]に調印したが、議会の委員会との合意を理由に、親ヨーロッパ政策を進めることはなかった。

アメリカとの関係も、ブッシュ、オバマと緊密な関係を構築したが、新機軸を打ち出せなかった。イギリス軍は、イラクからは撤退したが、アフガニスタンには留まった。気候変動問題にも取り組み、〇八年には二酸化炭素の排出規制を実施したが、〇九年のコペンハーゲンにおける地球温暖化に関わる会議では、国際協定を結ぶことができなかった。

ブラウンの経済政策

ブラウン政権が直面した最大の政治課題は、金融危機であった。最初の兆候は、二〇〇七年九月の不動産バブルの崩壊に伴うノーザンロック銀行の破綻であった。預金者は預金を守ろうと銀行に殺到した。政府は、無制限の預金保護を余儀なくされ、同銀行は国有化された。これは、〇八年秋の国際的な金融体制を巻き込んだ大規模な金融危機の前兆に過ぎなかった。

危機の端緒は、アメリカにおけるサブプライム・ローンの崩壊であった。多くの銀行が、一〇年以上もの間、信用貸しを拡大させ、支払い能力のない層にまでお金を貸していた。銀行は複雑

11リスボン条約▽EU発足後、ヨーロッパ憲章案（↓一六七ページ）の廃案を受け誕生した基本条約。加盟二七国（当時）がポルトガルのリスボンで署名。最高意思決定機関の欧州理事会に常任議長（通称EU大統領。任期は二年半）を置き、EU外相に当たる外務・安全保障政策上級代表のポストを設置したほか欧州議会の権限も強化された。初代欧州理事会議長にはファンロンパイ元ベルギー首相が、初代外務・安全保障政策上級代表には、イギリスからブラウン内閣で貴族院院内総務兼枢密院議長だったC・アシュトン（Ashton, Catherine Margaret）が就いた。なお、署名にあたりイギリスは司法権・警察権についていくつかの適用除外規定を設けさせている。

で巧みな方法で債券を売っていた。信用が崩壊すると、それらが白日の下に曝されることになった。いわゆる「債権危機」で、銀行は信用貸しを停止、世界的な規模で危機を拡大した。

　ブラウン政権は、イギリスの銀行を差し迫った危機から救うために、資本構成を改める政策が必要不可欠であると結論した。二〇〇八年一〇月に公表された政策パッケージは、銀行に対する政府の直接投資、債券、並びに銀行間貸付の保証などで、五〇〇〇億ポンドの税金が投入された。スコットランド銀行、ロイズＴＳＢ、ＨＢＯＳなど、イギリスの大銀行のいくつかが部分的に国有化された。

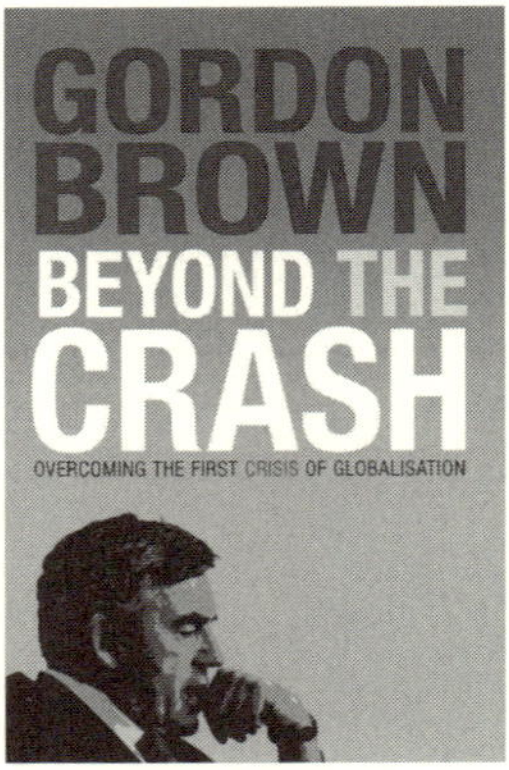

G. ブラウンの著書
《Beyond the Crash》

　〇九年四月、Ｇ20の先進国会議の議長として、ＩＭＦの資金供給力を拡大し、世界の通商体制を支えるために世界的な経済刺激策を決定した。ブラウンはこの種の共同行為が、「グローバライゼーションに伴う初めての危機」に、必要不可欠であると論じた。両大戦間の経済危機を意識しながらブラウンは、後に発表された彼の『破綻を超えて』（*Beyond the Crash*）の中で「世界の指導者間で正しい決定がなされなければ、一九三〇年代の保護貿易主義、大量失業、極左や極右の台頭、政治不安定などに回帰する世界的な不況に直面するだろう」と記している。

　ブラウンは、アメリカやヨーロッパで高い評価を勝ち得たが、その評判は、イギリスの選挙民には届かなかった。ちょうどその時、**D・キャメロン**[12]の保守党が財政赤字に焦点を当てて攻撃

Gordon Brown, Simon & Schuster, 2011.

を開始した。〇八年末には、財政赤字は一一八〇億ポンドとなり、イギリスのGDPの八％に達していた。その赤字は、ブラウンが政権を去るまでには一七五〇億ポンドに達した。

保守党は経済危機を利用して、経済危機に新たな戦略を打ち出すことができないことから、選挙民の眼をそらす戦略を展開した。

このように、保守党は労働党の財政支出計画に焦点を当てて攻撃を開始した。政府は豊かな時代の資産を捨てつつあるとか、「日が照っているときに屋根を据えつけない」とか批判した。「賢明な財務相」であったというブラウンの評価は陰り、「世界で四番目の債権国」にしたとか、先を見通すことができない成長主義とかの批判が展開された。その批判は、ブラウンが、一九九七年にイギリスの金融部門を、イングランド銀行、財務省、新設の金融サービス庁に分割したことにまで遡って展開された。

公共投資の削減が次第に明らかになると、ブラウンは、次の選挙で、公共部門への投資を継続する労働党か、保守党の述べる削減かという直接的な選択を求めるアピールを展開することを修正した。財務大臣の意見を受け入れて、公共投資は経済の悪化を回避するための短期的なもので、経済が回復すると支出は削減されなければならないと表明した。

---

12 D・キャメロン（Cameron.David William Donald／一九六六～　）▽オックスフォード大卒業後、保守党調査部に勤務、二〇〇一年に庶民院議員に当選。〇五年、三九歳で保守党党首となる。一〇年総選挙で労働党を破るが、過半数に至らず自由民主党と連立政権を組み、首相となった。就任時は四三歳七ヵ月で戦後最年少（ブレアは四四歳の誕生日直前に就任）。また、イギリスの連立政権誕生も戦後初だった。

一〇年総選挙、労働党政権時代の終焉

二〇一〇年四月、ブラウンは議会を解散し、総選挙は五月六日となった。選挙が近づくと、ブラウンは、政策のみならずパーソナリティやイメージまでも、メディアで叩かれるようになった。晩婚であることや二人の息子の父であることなど、人間味豊かであったが、政治や社会状況では、ぎこちなくふるまう仕事中心の人間であるイメージを払拭できなかった。ブラウンはいつまでも「財務大臣」であり続け、テレビのイメージから「デジタル時代のアナログ政治家」と評された。

ブラウンは、自身が経験豊かな政治家であること、保守党党首キャメロンが表面的で見せかけに過ぎないことを強調して、「フラッシュでなく、確実なブラウン」（"Not Flash, Just Gordon"[13]）のキャンペーンを展開したが、そのアピールは拙く浸透しなかった。一〇年の春に、初めてテレビ討論に参加したが、「お固く退屈な人物」としての評価を高めるだけであった。

そんな折に、ブラウンの反対派や批判的なメディアが、ブラウンを短気で人の心がわからないと騒ぎ立てる出来事が、イングランド北部ランカシャー州のロッチデールで起きた。

労働党支持者の女性を彼に接触させたスタッフをしかりつけている言葉が、ラジオのマイクに拾われたのであった。そればかりか、移民政策について熱弁をふるったその労働党支持者の女性を、「偏屈な女」（bigoted woman）と横柄に述べた声も拾われた。この事件が、選挙を決定づけることになった。

投票率は、〇五年よりも上昇したが、六五％と低いままであり続けた。予想通り、保守党が第一党となった。同党は、三六％の得票率で四七％の議席を確保し、三〇七議席となった。労働党は二九％の得票で議席の三八・七％、二五八議席を獲得し、九一議席を失った。保守党と労働党の獲得した得票は六五％に過ぎず、二大政党制の黄昏《たそがれ》をさらに印象づけた。しかし、善戦が期待された自由民主党は得票を一％上昇させて二三％、議席は五七議席にとどまった。

同じ日に行われた地方選挙では、総選挙とは異なる様相を見せていた。労働党が地方議会で四一四議席を確保したが、保守党は一二一議席、自民党は一四一議席を失った。イギリス型二大政党制はさらに弛緩《しかん》し、明日への新たな政党制の形は見えず、大きな熱狂も期待もない形で、一三年間の労働党政権は終わりを告げ、保守党と自由民主党の連立政権へと政権交代がなされた。

ブレアとブラウンが、時には協調し、時には対立しながら進めてきた〝新〟労働党の政治実験は、いかなる歴史的意味を持っていたのか、その評価は今後に委ねられるであろうが、ひとまず幕を閉じることになった。イギリス労働党は、二一世紀のための新たな模索を求められることになったのである。

---

13 "Not Flash. Just Gordon" ▽コミックのヒーロー "Flash Gordon"（「フラッシュ・ゴードン」）にかけている。"Flash Gordon" は戦前から人気のアメリカ製SFコミック。何度か映画化（八〇年版の音楽担当はイギリスのロックバンド、クイーン）。ブラウンが大衆に媚びる軽薄な人物ではない趣旨のアピールだったが、逆効果。

トニー・ブレア

（一九五三年五月六日生まれ）

◎一九九七〜二〇〇七年 首相、一九九四〜二〇〇七年 労働党党首

T・ブレアは、エディンバラのパブリック・スクールフェティスに学び、オックスフォード大学を卒業して、法廷弁護士となった。

彼の父レオも法廷弁護士であり、大学の講師であった。また北東イングランドで、熱心な保守党の政治家であった。一九六三年にレオは脳梗塞になり、政治生命を絶たれた。ブレア家は困窮することになった。

奨学金で、フェティス、オックスフォードに通ったが、政治に大きな関心はなく、大学ではロック・グループ「醜い噂」（Ugly Rumours）をつくり音楽に興じた。

ごく少数の仲間で、宗教、哲学、政治などを議論したといわれる。自由主義的個人主義を批判し、共同体の理念を強調するイギリスの哲学者J・マクマリー、社会主義を資本主義社会の「再道徳化」と考える人道主義的キリスト教社会主義者R・H・トウニーなどの著書を読んでいたといわれる。七五年にオックスフォードを卒業すると、ロンドンに移り、法廷弁護士になるために弁護士事務所に勤める。

七六年に労働党に加わる。八〇年、同じ事務所にいたシャーリー・ブースと結婚する。八〇年代前半はJ・キャラハンに代表される伝統的な右派とT・ベンに代表される急進左派の間で中道の立場をとっていた。

最初の議員への挑戦は八二年の補欠選挙で、保守党の安定選挙区ビーコンスフィールド選挙区で出馬したが、負けてしまった。

八三年に労働党の安定選挙区であるイングランド北東部のセッジフィールド選挙区で立候補して当選した。以降、同選挙区から連続して当選した。ブレアの議会での早い段階からの活躍は、注目を引いた。

八八年にN・キノック党首の下で影の内閣に選出され、エネルギー担当の影の大臣となった。八九年から九二年に、影の雇用担当相となった。影の雇用担当相の時に、労働党は、保守党が廃止したクローズド・ショップ制に戻らないと宣言した。それは、労働党を現代化するという彼の最初の試みであった。

九二年の総選挙後、J・スミスが党首となり、多くの年長の労働党議員が引退すると、世代交代が進み、若い議員が政治の表舞台に登場することになった。ブレアは影の内務相となり、労働党は犯罪に寛容であるというイ

メージの払拭に努めた。「労働党は、犯罪に厳しく、犯罪の原因に対しても厳しい」というスローガンが提起された。

九四年にスミスが死去すると、党首選挙に立候補することを表明、七月二一日圧倒的多数で選出された。その直後、わずか数ヵ月で、公的所有を規定した政党綱領第四条の見直して廃止を表明した。それに反対する選挙区労働党と戦い、見直しに成功する。

「新労働党（New Labour）」と称される労働党の現代化は、党に対する労働組合の影響を減少させること、中産階級への支持を拡大させることであった。政策の中道化、増税と支出の政党というイメージの払拭をねらった。こうした試みに対して、政党活動家からは、社会主義を放棄したという不満が表明された。しかし、ブレアは、労働党の長い野党暮らしを終わらせる最善の方法として現代化を進めた。

1997年総選挙のマニフェストーと、表紙になったブレア。「新労働党――イギリスはもっと良い状態を享受するに値する」（new Labour because Britain deserves better）と訴え、大勝。

野党の党首として、政党イデオロギーや政党政策のみならず政党キャンペーンや政治コミュニケーション様式を大きく変えた。国有化、ケインズ経済学に基づいた経済財政政策、福祉国家政策など労働党政策の大きな転換を図った。また、保守党政権の経済的個人主義に対抗してコミュニタリアン（communitarian）的色彩の強い政策を導入した。

ブレアの「新労働党」は、自己責任や道徳的価値など保守的な主張を展開する一方、共同体や社会から排除された者に対する配慮など、社会民主主義的な関心も保有している。また、党や階級を超えて広範な人々に訴える「包括の政治」を提唱して多元的社会に配慮するとともに、社会に道徳的規範を確立しようとする。世論に配慮し、戦略的に政治コミュニケーションを展開する政治も実践した。

九七年の総選挙で、労働党は政党史上最大の議席を得る地滑り的な大勝をおさめ、一八年間の野党暮らしに終止符を打った。ブレア政権が誕生し、世論調査は、調査開始以来の最も人気のある首相と報じた。

ゴードン・ブラウン

◎二〇〇七~二〇一〇年 首相、二〇〇七~二〇一〇年　労働党党首

（一九五一年二月二〇日生まれ）

G・ブラウンは、エディンバラ大学に学び、同大学で学位（Ph.D.）を獲得した。大学の講師となり、その後スコットランドテレビで時事問題を扱う記者および編集者として活躍した。記者会見用原稿を書くこと、インタビューをすることに大きな能力を発揮した。

一九八三年の総選挙で、労働党の安定選挙区であるスコットランドのダンフェルムライン東選挙区から立候補して当選した。議会での活躍を認められて、八七年に影の内閣に選出された。やがて、影の財務担当政務官から始まり、多くの経済に関する重要ポストを歴任した。スミスが病に伏すと、スミスが回復するまで、スミスに代わって影の財務相に関わる執務を行った。八九年には、影の通産相に選出された。

九二年の総選挙で労働党が敗北し、スミスがキノックに代わって労働党党首となると、スミスの後を継いで影の財務相となった。九四年にスミスが死去すると、彼の友人であるブレアが党首となった。

ブラウンは党首選に立候補しないことに同意したといわれるが、失意にあったともいわれる。それから回復するために、一定の時間を要したともいわれる。

しかし、両者は、労働党の現代化に緊密に協力した。ブラウンは、ブレア同様、労働党が労働者階級と労働組合に依存するだけでは十分ではないこと、中産階級にもアピールしなければならないという考えを持っていた。また、公的所有や伝統的な再配分への労働党の関与を放棄しなければならないと考えていた。

ブラウンは、労働党の議員が公的支出を約束しないように「鉄の統制」を行った。九七年の総選挙を前にして、労働党が向こう二年間保守党の支出計画を受け入れること、次の議会期間中所得税率を変更しないことを発表した。九七年五月に成立した労働党政権では、財務相となった。ブレア退任後首相となったが、二〇一〇年の選挙で敗北した。

2010年総選挙のマニフェストーの表紙。
「全ての人々に公正な未来」(A future fair for all)をと訴えたが、91議席を失い敗北。

第4部

選択と希望

2010～

Edward Samuel Miliband

Jeremy Bernard Corbyn

8章 揺らぐアイデンティティ

衝撃を与えた「スコットランド国民投票」

一七世紀の名誉革命は、イングランドからの独立をスコットランドにもたらした。しかし、スコットランドの農業は変わらず、商工業は小規模なものであった。土地の半分近くは、法の支配とは無縁の英語も話さない高地人族長の部族支配の下にあった。

スコットランド議会は、北部の安定と閉ざされていたイングランド植民地との自由な交易を求め、イングランドとの合同を志向した。イングランドは、市民革命から続いた政治混乱を収束させるために、イングランド北部の政治的安定が不可欠であった。こうして、一七〇七年スコットランドとイングランドが合同した。スコットランド議会はイングランド議会に吸収され、エディンバラはスコットランドの文化の中心であり続けたが、政治権力の中心ではなくなった。

イギリスの歴史家**G・M・トレヴェリアン**[1]は、この「合同」で、「イングランドとスコットランドが、相互に与え合った利益は莫大なもので、単なる富の蓄積にとどまらない」（『イギリス史』）と指摘する。イギリス近代化の礎となったが、「合同」であったのである。

そのイギリスが揺らいだ。二〇一四年九月一八日、イギリスからの分離独立を問う国民投票がスコットランドで行われた。国家からの分離独立運動の多くが流血をともなう激しい闘争という現実に比較すれば、言論中心と投票という穏和な戦いで、イギリス民主主義の成熟を示した。

しかしそれは、近代民族国家のあり方に深刻な問題を投げかけた。民族を超えて国民を形成、国民意識を基礎に地域を統合、集権的な中央政府で統治するという近代民族国家のあり方が、継続するのかという問題を投げかけたのである。民族国家の正当性が問われたと言ってもよいであろう。それが、最も成熟したイギリスで生じたのである。なぜ起きたのか。いかなる意味を持っているのか。将来的な影響は何であるのか。国家の将来を問う意味でも、真摯な考察を向けなければならない。

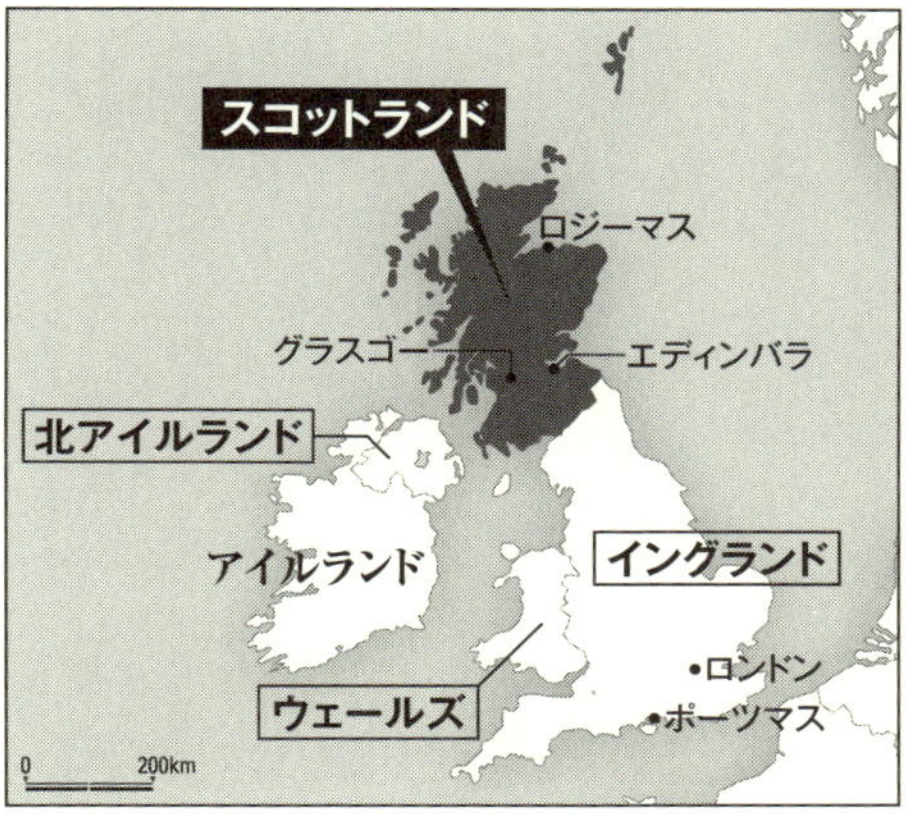

1　G・M・トレヴェリアン（Trevelyan, George Macaulay／一八七六～一九六二）▽二〇世紀前半を代表する歴史家。ケンブリッジ大学で学び、長く母校の教授を務めた。一九世紀のホイッグ党（後の自由党、自由民主党）の政治家で歴史家T・マコーリー（Macaulay,Thomas Babington）の姪の孫にあたる。

スコットランドの歴史をふり返る

現代スコットランドの政治的動きは、スコットランドの政治や運動をつくり上げてきた歴史なくしてはありえない。政治や運動は、真空の中からは生まれないからである。歴史の解明なくして、スコットランド政治の理解はありえないのである。しかし問題が生じる。スコットランドの歴史を詳細に辿っても、スコットランドの深い理解に到らない。イギリスの政治との関連で語らなければ、スコットランドの動きを見誤ってしまう。イングランドの政治が、スコットランドに大きな影響を与えて政治を形成したからである。

イングランドの政治を語れば、スコットランドの政治が理解されることになるのか。そうはならない。イギリス政治に視点を向けると、スコットランドのみならず、イギリス連合王国を構成するウェールズや北アイルランドなどの固有の文化や慣習は、周辺化され置き去りにされてしまう。地域が削《そ》がれると、政治は地域と乖離し実質性を失ってしまう。

スコットランド、ウェールズ、アイルランドからみれば、イギリスは統一国家ではなく、連合からなる国家である。スコットランドは連合王国の一部であり、政治権力の中心はウエストミンスターにあるが、固有の文化や制度を残している。イギリスとの連合は政治制度としてはありえても、市民生活のレベルでは、異なったアイデンティティが存在し続けている。スコットランドとイングランドの合同は、常に部分的なものであったのである。それゆえに、スコットランド政治をたどるために、イギリスとの関連で政治を語らなければならない。

大英帝国の建設、そして世界文化の発展に果たした**スコットランド人の貢献**[2]は計り知れない。遠い地にある日本人にとっても、D・ヒューム（一七一一～七六）、A・スミス（一七二三～九〇）、J・ワット（一七三六～一八一九）、A・カーネギー（一八三五～一九一九）J・ダンロップ（一八四〇～一九二一）、G・ベル（一八四七～一九二二）などの名は、馴染みのものだろう。

ヨーロッパで最上の知性と進取の精神を備えたスコットランド人は、イギリスの一〇％も満たない人口の中で大きな貢献をイギリスになした。エディンバラは文化の中心であり続け、グラスゴーは産業革命の拠点であった。

2スコットランド人の貢献▽そもそも労働党を結成し初代党首となったK・ハーディ（Hardie,James Keir／一八五六～一九一五）、労働党初の首相となったR・マクドナルド（MacDonald ,James Ramsay／一八六六～一九三七）など、草創期の労働党にもスコットランド出身者は多い。ハーディはグラスゴー東部の町レグブラノック、マクドナルドは北部のロジーマス（古くは港町、現在は空軍基地として知られる）の出身者。

掲出の人物は、D・ヒューム（Hume, David）はエディンバラ（スコットランドの首都）の出身。いわゆるイギリス経験論哲学の代表的思想家。A・スミス（Smith, Adam）はカコーディー（エディンバラの北岸の町）の出身。『諸国民の富（国富論）』で知られる古典経済学の第一人者。J・ワット（Watt, James）はグリーノック(スコットランド中西部,グラスゴーの西部の港町)の出身。蒸気機関の実用化を達成した発明家。A・カーネギー（Carnegie, Andrew）はダンファームリン（エディンバラの北岸、カコーディーの西部の町）の出身。アメリカに渡って鉄道、鉄鋼業で成功した実業家。J・ダンロップ（Dunlop, John Boyd）はドレグホーン（スコットランド中西部、グラスゴーの南部の町）の出身。空気入りタイヤを発明してダンロップ・ラバーを創業。ベル（Bel, Alexander Graham）はエディンバラの出身。カナダに渡って実用的な電話機を発明。いずれも、先駆的かつ実践的で応用範囲の広い研究、発明、業績を残した。

第二次大戦後、状況は変わる。「日が沈むことが無い」と言われた大英帝国は衰退する。アジアやアフリカの植民地が独立すると大英帝国は実質的に解体し、世界の工場と言われた生産拠点も新大陸やアジアに移りはじめる。〝パックス・ブリタニカ〟の時代が、〝パックス・アメリカーナ〟の時代となり、イギリスは世界の地位を失いはじめる。

イギリスの衰退は、スコットランドそのものの衰退でもあった。製鉄や造船などの産業を発展させ、溶鉱炉の火が消えることのなかったグラスゴーは錆び地帯となり、失業の拡大と経済の低迷がもたらされた。六〇年代の北海油田の発見は光明ではあったが、スコットランドもイギリスも大きく再生させることはなかった。

戦後の福祉制度が、スコットランドの生活を支えた。世界的な経済成長の中で、労働党、保守党に関わりなくスコットランドに財政が投入されたが、スコットランド再生につながらなかった。六〇年代にスコットランドとイングランドとの格差が拡大、情報革命の中で貧しさが広く大きく認識される。

保守党の時代であった。保守党と労働党が議席を二分していたスコットランドで、保守党は議席を半減させる。保守党はイング

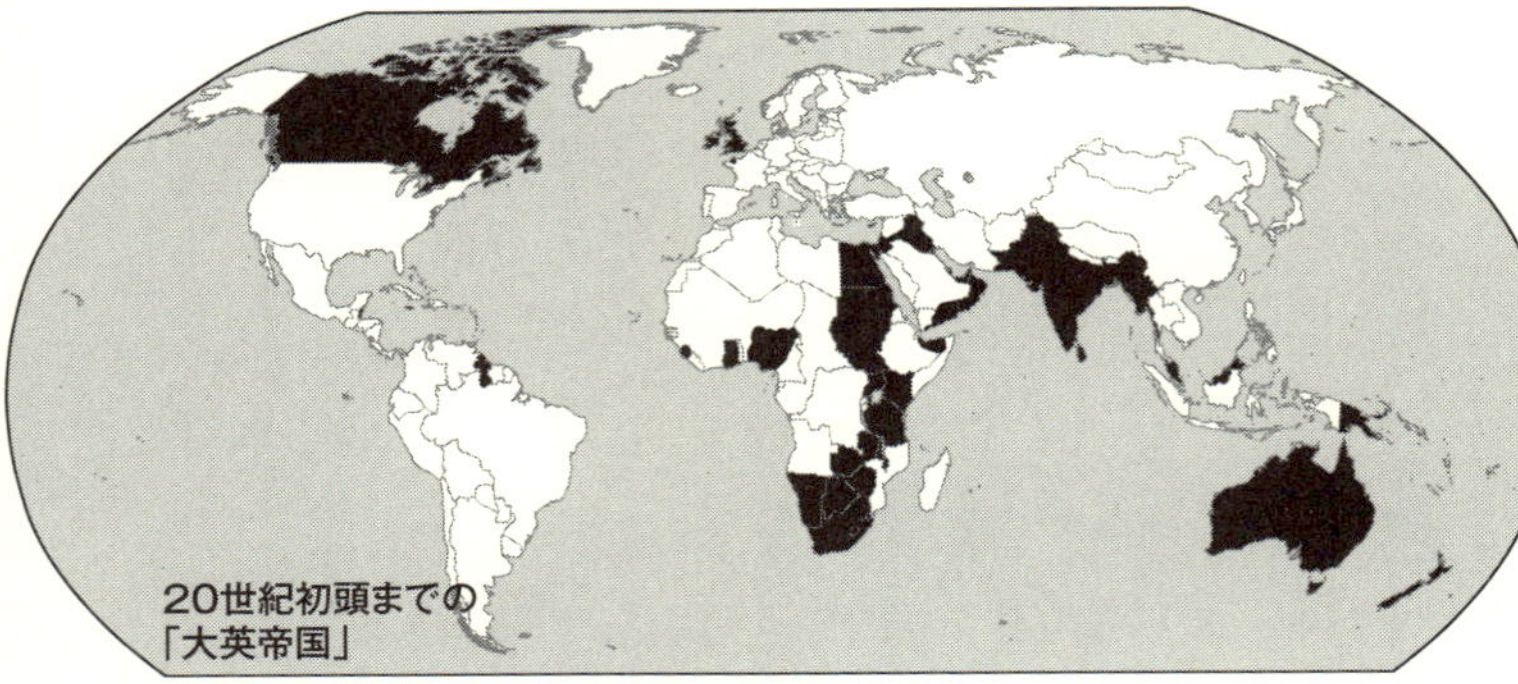

〔注〕黒い部分が、イギリスと当時の海外領土、および植民地。

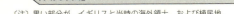

ランドの政党で、スコットランドに関心を見せない政党と認識されたのである。労働党とスコットランド国民党の議席増を生んだ。

その流れが続いた。七〇年代にもイギリス経済は低迷、それでも当時の労働党は、イギリス政府を構成するスコットランド省を通じて、スコットランドへの恒常的に財政投入をした。スコットランドは、地域の実情に合った政策の展開を求めて、権限移譲を求めた。一九七九年三月に、キャラハン労働党政権は権限移譲に関する国民投票を実施したが、投票率が六三・六%で、賛成五一・六%、反対四八・四%となった。賛成は選挙民全体の三二・八%となり、イギリス政府が求めた四〇%に達しなかったために、権限移譲はなされなかった。

七九年五月に誕生した保守党サッチャー政権は、政策を変えた。個の自立を説き、公営企業の民営化、福祉の市場化を進めた。福祉に依存するスコットランドに挑戦するかのようであった。

イングランド南部を中心に自動車、ITなどの企業を誘致し、福祉負担を削減、経済を活性化させた。福祉の抑制は、スコットランドとイングランドの格差を拡大し、スコットランドは、ますますノスタルジーをかき立てるツーリズムの地に押しやられた。

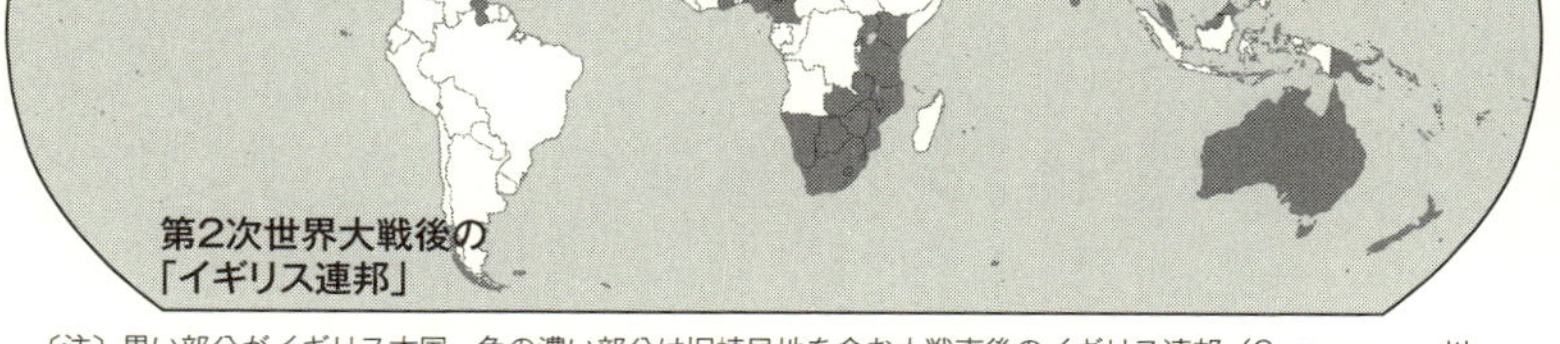

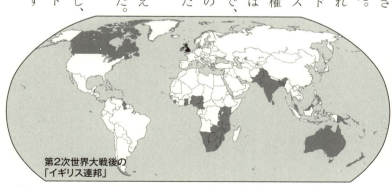

〔注〕黒い部分がイギリス本国。色の濃い部分は旧植民地を含む大戦直後のイギリス連邦（Commonwealth of Nations）で、この後独立し（英国王を元首とするか否かにかかわらず）連邦を離脱した国々を含む。

それは、スコットランド人の自尊心を著しく傷つけることになった。それでなくとも不人気であった保守党はますます低迷し、八〇年代中期に議席は一〇台になってしまう。先行的にスコットランドに導入された**人頭税**[3]は、保守党政権への反発をさらに拡大した。保守党は、スコットランドにおける橋頭堡を失うことになった。それは今日まで続いている。

ブレア政権が生んだ「スコットランド議会」

一九九七年に、スコットランドへの権限移譲を約束して（エディンバラで生まれ高校卒業まで同地で育った）ブレアの労働党政権が誕生した。同年に行われた権限移譲に関する国民投票は投票率六〇・二％で、スコットランド議会の創設が七四・三％の多数で認められた。ブレアはその結果を踏まえ、九八年にスコットランド法を制定、スコットランド議会を創設した。

小選挙区多数制と地域比例代表制の混合制の選挙制度で誕生したスコットランド議会（Scottish Parliament）は、一院制で一二九名の議員（七三名が小選挙区選出、五六名が定数七の八選挙区から比例で選出）、任期は四年で解散権のない議会が形成された。九九年と〇三年の選挙では、ブレアに応えるかのように労働党が第一党となり、自由民主党との連立政権が誕生したのであった。

二〇〇七年に状況が変わる。労働党の「第三の道」に対する期待がしぼむ中で、イラク戦争への介入で労働党への支持が低迷、それがスコットランド議会選挙にも現れる。**スコットランド国民党**[4]が一議席差で第一党となり、分離独立の国民投票に反対する自由民主党が労働党との連立を拒否した結果、スコットランド国民党の少数単独政権が誕生した。労働党と自由民主党の間で議会協力が破綻し、少数単独政権でも議会政治がスムーズに展開する。その結果、スコットランド国民党の政治運営に対する懸念が緩和した。

その状況の下、二〇一〇年のイギリス総選挙で保守党が政権に返り咲いた。スコットランドでは、保守党政権の誕生で権限委譲が抑制され、福祉が縮小すると考えられた。イギリスの政治状況に対する反発が、地域政党の議席拡大につながる。一一年のスコットランド議会選挙でスコットランド国民党が勝利、六九議席による単独過半数政権が誕生した。分離独立を求める運動が活性化したのである。イギリス政治の変化すなわち労働党政権から保守党への政権交替が、分離独立の国民投票を実施する遠因であったのである。

分離独立の国民投票と結果

二〇一二年に、スコットランド国民党とイギリス政府の保守党が、分離独立に関する国民投票を行うことに合意した。同年一一月に、スコットランド議会が「スコットランド独立に関する国

3 人頭税▽「community charge」。資産、収入に関係なく、地域ごとに成人住民に納税を課す制度。一九八九年四月からスコットランドで先行導入、九〇年四月イングランドとウェールズでも導入。同年三月に、ロンドンで導入反対を訴える大規模デモが発生、警官隊と衝突する騒乱状態になった。九三年メージャー政権下で廃止。

4 スコットランド国民党（Scottish National Party）▽通称「SNP」。一九三四年結党。連合王国からの独立を党是とする地域政党。ブレア政権の権限移譲政策後、党勢が急速に躍進、国政に影響を与える存在となった。

民投票法」を制定、スコットランドに居住する一六歳以上の市民に選挙権が与えられ、選挙民は四〇〇万を超えた。国民投票法が制定された段階で、分離独立に反対する人は六割近くに及んでいたから、誰もが接戦を予想しなかった。キャメロンが国民投票を認めたのも、その世論状況を認識していたからである。一四年になっても、世論に変化はなかった。投票日の一ヵ月前に変化が現れた。賛成が上昇、反対に接近したのである。

投票日の一週間前には、賛成が反対を上回る世論調査も現れた。スコットランド国民党が中心となって進めた独立を求める"Yes Scotland"キャンペーンは勢いを増し、SNS（ソーシャル・ネットワーク・サービス）を駆使して草の根のキャンペーンを展開した。分離独立に反対する"Better Together"キャンペーンは、必死の巻き返しを図った。

労働党のE・ミリバンド党首やG・ブラウン前党首は、さらなる権限移譲を約束し、分離独立が現実的でないと訴えた。キャメロン首相は、分離独立が政治的・経済的にもイギリスの地位の低下を生むと指摘して労働党同様に権限移譲を約束、「私のことを嫌いでも、私が永遠に政権の地位にあるわけではない」とまで訴えた。

投票は、イギリス選挙史上最高の投票率八四・五九％で終わった。反対が二〇〇万一九二六票（五五・二五％）、賛成が一六一万七九八九票（四四・六五％）で、分離独立は回避された。グラスゴーなど地域で賛成が反対を上回ったが、その他の地域では反対が勝利した。世論調査は一週間前をピークに賛成が減少したから、予想通りでもあった。実用主義的で現実的なスコットランド人の政治選択であったと称された。

国民投票が活性化した理由は何であろうか。日本のマス・メディアを代表に、「民族主義運動の活性化」に求める人がいる。しかし、スコットランドで民族主義が活性化している証左は無い。スコットランドに高いアイデンティティを寄せる人は、六〇%程度で安定しているからである。

これまで指摘したように、国民投票に至らせた主な理由は、イギリス政府のスコットランド経営の失敗であろう。スコットランドを無視してきたわけではない。イギリス全体の八%の人口しかない地域に国家予算の一〇%程度を割り当てるなど、日本の地方自治体よりも大きな財政が投入されている。結果的に一人当たりGDPは、イギリス全体を上回っているのである。それにもかかわらず、スコットランドは分離独立を志向するのである。

要するに、国家へのアイデンティティは揺らぐ

スコットランド独立賛成派と独立反対派の主な主張

	賛成派	反対派
主体	スコットランド国民党(SNP)	保守党、自民党、労働党及び英国政府
経済	北海油田からの税収見通し増大	北海油田からの税収見通しは非現実的
通貨	「ポンド」維持	独立すれば、英国政府が「ポンド」継続使用を認めない可能性あり
外国投資	独立後は法人税を3%引き下げ、外国投資の誘致継続	独立すれば、外国企業にとって、ビジネス環境が不安定化
安全保障	核兵器と原子力潜水艦は速やかに撤去	独立すれば、英国からの防衛産業関連の発注なし。造船業は縮小、雇用に打撃
EU加盟	現在と同じ諸条件のまま速やかにEU加盟の達成が可能	新独立国としてEU加盟手続を開始する必要が生じ、容易ではない
更なる権限移譲	独立反対派の単なる口約束にすぎない	更なる権限移譲を公約

外務省ＨＰ「スコットランド～日本との知られざる絆と独立問題」(2014年11月11日)より

のである。アイデンティティ形成は、「作為」無くしてあり得ない。失敗したなら、それは容易に揺らいでしまう。民族国家のガバナビリティを明示して確保することで、正当性は確保されるのだろう。現代の政府は、国家を構成する地域や人々と対置して、絶えずその有効性を提示しなければならないのである。それなくしては、民族国家そのものが生き延びることができないのではないか。国民投票はそのようなことを示唆している。

国民投票のその後

結果を受けて、スコットランド国民党の党首A・**サーモンド**[5]は、「国民投票では負けたが、今なおイニシアチブを持っている。スコットランドは真の勝利者としてよみがえる。党首としての私の時代は終わったが、キャンペーンは続き、夢は死なない」と辞任を表明した。

「独立」という政策目標で勢力を拡大したスコットランド国民党は、人々の再統合する「独立」に代わる中心的な政策をどう構築するのか。余波は労働党にも及ぶ。スコットランド労働党の党首**J・ラモント**[6]が、「党中央がスコットランド労働党を支店のような扱いをした」と辞任した。

この分裂で、世論調査は、労働党への支持の低迷を明らかにした。自由民主党や保守党に対する支持も回復しない。スコットランド政治は、流動化の兆しを見せる。イギリス政治への影響も否定できない。

スコットランドの国民投票は、異なる政治分脈でヨーロッパ政治にも影響を与えた。二〇一四年一一月にスペインのカタルーニアで法的拘束力のない住民投票が行われ、八割の人が独立を支持した。バルセロナを中心に豊かな地域であるカタルーニアの論理は、自らの資産が貧しい他の地域に移転されているというものであった。そこにも、スペイン国家の政治的有効性に対する不信が反映されている。それが、帰属を国家に求めるか地域に求めるかの運動につながる。

そうした運動は、民族、宗教、言語、文化が異なる地域を統合したヨーロッパの国家ではどこでも出現するだろう。分離独立運動は止まないのである。

そして日本にも、深い示唆を与える。分権を拒否し、集権的な体制を強化したところで、国家のアイデンティティは保障されない。むしろそれは、政治が実質性を失い、地域と乖離《かいり》するからである。国家が地域や人々とあることを実質化するためにこそ、分権が必要なのである。民族国家の再近代化は、分権とともにあることを認識すべきであろう。ヨーロッパ辺境の国民投票は、そのことを教えている。

---

5 A・サーモンド(Salmond, Alexander Elliot Anderson／一九五四〜　)▽リンスリゴー(エディンバラの西)出身。セント・アンドルーズ大学時代にスコットランド国民党に入党。スコットランド省、スコットランド銀行勤務を経て八七年、庶民院議員に当選。二〇〇四年〜一四年党首。

6 J・ラモント（Lamont, Johann MacDougall／一九五七〜　）▽グラスゴー生まれ。グラスゴー大学卒業後、一九七五年にスコットランド労働党入党。英語教師を経て九九年に庶民院議員に当選。〇八年から副党首、一一年から党首となるが一四年辞任。

9章　政権選択は確定、しかし先は見えず

二〇一五年五月総選挙の衝撃

二〇一五年五月七日に行われたイギリス総選挙は、保守党が議席の過半数を制して終わった。キャメロン保守党は、自由民主党との連立を解消して、保守党単独で次の五年間政権を担うことになった。キャメロン（四八歳）保守党は、有権者の三六・九％の票を獲得して、選挙前の三〇二議席を二九議席上回る三三一議席を確保したのである。

連立の担い手であったN・クレッグ（四八歳）を党首とする自由民主党は、五六議席から八議席と惨敗し、第三党の地位を失った。クレッグ自身は、シェフィールドの選挙区で議席を守ったものの、E・デービィエネルギー担当大臣、V・ケーブル企業担当大臣、D・アレクサンダー財務大臣など、連立内閣を構成していた自由民主党の大物議員が次々と議席を失った。クレッグ党首は、「恐れていた以上に壊滅的であった。しかし返り咲く、再び勝利する」とだけ述べて党首を辞任した。

最大野党で第二党の労働党も、得票率は三〇・四％に留まり、議席を二五六議席から二三二議席へと減少させ、政権奪回とはならなかった。労働党の党首**E・ミリバンド**[1]（四五歳）自身は、ドンカスター北部選挙区で議席を確保したが、「全ての責任は私にある。落選した候補者に謝罪する」、「勝利を納めることができなかったことはまことに残念であるが、他の誰かが党首を担う時だ」と表明、敗北の責任をとって辞任した。

自由民主党に代わって第三党に躍進したのは、スコットランド国民党（以下ＳＮＰ／↓一九七ページ）であった。地域政党であるＳＮＰは、スコットランドにある五九の選挙区のうち五六選挙区を制し、前回の総選挙から五〇議席も議席を伸ばす大躍進となった。二〇一四年のスコットランドの独立に関する国民投票では、ＳＮＰが求めていた独立は、過半数を制することができずに敗北したが、同党に対する支持と熱気は収まってはいなかった。

国民投票の敗北後、長年同党を率いたＡ・サーモンドが辞任し、後を引き継いだのが女性党首のＮ・スタージョン（四四歳）であった。スタージョンは、一九九九年に創設されたスコットランド議会に、二九歳の若さでグラスゴー選挙区から選出された。

1　Ｅ・ミリバンド（Miliband, Edward Samuel／一九六九〜　）▽両親はナチスの迫害を逃れ亡命したユダヤ人、父は経済学者。オックスフォード大、ＬＳＥ卒。一九九三年、後の副党首Ｈ・ハーマンの調査員兼スピーチライターとなり、翌年にはＧ・ブラウンのスタッフとなる。二〇〇五年庶民院議員に初当選。〇七年にブラウン政権で内閣府担当国務相。その後も同政権で重用され、四歳上の実兄Ｄ・ミリバンド（Miliband, David Wright）外相とともに存在感を示す。一〇年、ブラウン辞任後の党首選で兄を含む四人の候補者と争い勝利。

SNPは、二〇〇七年のスコットランド議会選挙で第一党となり少数単独政権を組織したが、その際にスタージョンはスコットランド副首相兼保健相の地位についた。サーモンド辞任後に、彼を継いでスコットランド首相になっていた。

スタージョン自身は今回の総選挙に立候補しなかったが、選挙キャンペーンを精力的に主導した。スコットランドでの支持は急速に拡大し、スタージョン自身が「選挙結果は自分の野望をはるかに上回るものであった」というほどであった。結果を受けて、「スコットランドでは、変化を求める声が今なお止まない。その声をイギリス議会に届けなければならない。それが五六議席を確保した国民党の責務である」と語った。

今回の選挙には今一つ注目されていた政党が存在した。**英国独立党**[2]（以下UKIP）である。各社の全国世論調査は、二〇一五年に入って、UKIPが自由民主党の支持率を上回り、保守、労働に次ぐ支持を確保していることを明らかにしていた。だがしかし、その支持率は議席の獲得につながらなかった。

獲得できたのは、イングランド南東部クラクトンの一議席のみであった。党首の**N・ファラージュ**[3]自身も、保守党の候補

2015年総選挙結果（議席）

政　党	得票数（得票率）	議席数（議席率）	2010年選挙からの増減
保守党	11,334,920（36.9）	331（50.9）	＋24
労働党	9,344,328（30.4）	232（35.7）	−26
スコットランド国民党(SNP)	1,454,436（4.7）	56（8.6）	＋50
自由民主党	2,415,888（7.9）	8（1.2）	−47
英国独立党(UKIP)	3,881,129（12.6）	1（0.2）	＋1
その他		22	0
合計		650	

者に負けて議席の確保には至らなかった。ファラージュは、「残念でならない。UKIPは、イギリスに真の民主主義を取り戻すために、真の根本的な政治改革をこれからも進める」と語って、党首辞任を表明したが、党は彼の辞任を受け入れなかった。

選挙前の世論調査はほとんどが、スコットランド国民党とUKIPの議席増、保守党と労働党の接戦を予測していた。保守党が議席で過半数を上回り、単独で政権を構成するとはだれも考えてはいなかった。予想に反して保守党が議席を伸ばし、労働党が低迷したのはなぜなのであろうか。さらに、SNPが第三党の地位までに議席を伸ばし、自由民主党が惨敗した理由はどこにあるのであろうか。

二大政党制から多党化へ

キャメロン連立政権が誕生した翌年の二〇一一年、イギリス政府は議会任期固定法（その後一三年に選挙登録・実施法で微修正）を制定し、首相の意向で議会を自由に解散することはでき

2 英国独立党▽略称「UKIP」（UK Independence Party）一九九三年、EU発足の年に、EUからの脱退を掲げ結成。一方、EUの下院にあたる欧州議会（定数七五一）選挙に毎回立候補を立て、九九年以降連続で当選。二〇一四年選挙で労働党、保守党を抜いて二三議席を得た（イギリスの欧州議会における全議席数の二七%）。

3 N・ファラージュ（Farage, Nigel／一九六四〜）▽ダリッジ・カレッジ卒。学生時代から保守党の政治活動に参加。しかし、一九九二年メージャー政権のEU参加に反発して離党。同志数人と英国独立党を結成。九七年総選挙以降、立候補するも落選。欧州議会選挙では九九年以来当選し欧州議員。二〇〇六年以来党首。

なくなった。今回の選挙は、この議会任期固定法制定後の初めての選挙であった。

この法にしたがって、第五五議会は三月三〇日に解散して選挙戦開始、五月七日が選挙日、五月一八日が第五六議会の招集日となった。解散を受けて、G・ブラウン元首相やW・ヘイグ元保守党首など、九〇年代や二〇〇〇年代初頭のイギリス政治に大きな影響を与えた九〇名の現職議員が議会を去ることになった。

二大政党制といわれるイギリス政治は七〇年代から少しずつ変化して多党化が進行していたが、今回の選挙もその流れを再現した。四月九日の選挙管理委員会の政党登録の最終日までに、イギリス全体では四〇〇を超える政党が登録し、北アイルランドでも三〇を超える政党が届けを出した。保守党、労働党、自由民主党などは、北アイルランドの選挙区や議長選挙区を除いて、六五〇選挙区のほぼすべてに候補者を擁立した。

イギリス議会がＥＵの決定によって動いていることを強く批判する英国労働党（UKIP）。同党のウェブサイトより。

二〇一四年の補欠選挙で二議席を確保していたUKIPは、二〇一四年のEU議会選挙で過去最高の票を確保した勢いを受けて、六〇〇を超える選挙区に候補者を立てた。SNPは、好調な支持率を受けて、スコットランドの五九選挙区全てに候補者を擁立した。このほかには、緑の党が五〇〇を超える選挙区に候補者を擁立した。四月九日の立候補締切日までに、候補者は三九七一人となり、そのうち女性候補者は一〇二〇人（候補者の二六・一％）、過去最高にのぼった。

候補者の年齢は、一八歳から八〇歳代まで広がりを持っているが、主要政党の候補者の平均年齢は四〇代半ば、各政党の党首の年齢が示しているように、イギリス政治は四〇代に特化した職業であることを改めて示した。二〇〇〇年代になって女性候補のさらなる拡大など、イギリス政治の様相が多党化の進行とともに、変わりつつあることを鮮明にした選挙でもあった。

各党のマニフェストーを見る

各政党は選挙民に何を訴えたのか。キャメロン保守党は、「強い政治指導、明確な経済計画、明確でより安全な将来」と題するマニフェストーを発表した。それは、①一三〇万個分の住宅購入支援、②二〇万戸の新規住宅建設、③国民保健サービス（National Health Service／略称「NHS」）への追加支出、④無料教育の拡大、⑤所得税の最高税率増、法人税減税、相続税の課税最低額一〇〇万ポンド、⑥三年以内の財政赤字解消、⑦二〇一七年までにEU残留と離脱を問う国民投票などを掲げたマニフェストーは、従来からの主張を踏襲したもので、新鮮味は薄いものであった。

キャメロンは、「全てが、強くて成長する経済に依存する。どの政党に投票するか迷っているなら、こう問いかけたい。どの政党が経済を強くしたか。二〇一〇年以降、他のEU諸国より多くの職を生み出す成長を達成した政党はどの政党で、五年前に経済を破綻させた政党はどの政党であったかを考えていただきたい」と結んだ。保守党は、過去五年間の経済的実績を訴えて選挙戦にのぞんだのである。

与党自由民主党は、マニフェストー「強い経済、公平な社会、全ての人々への機会」を提出した。また、①課税最低限を一万二五〇〇ポンドにまで拡大、②教育予算に二五億ポンド追加支出、③幼稚園から一九歳までの教育ファンドの保障と質の高い教師の配置、④国民保健サービスに八〇億ポンド追加融資、⑤二〇一七年から一八年までに収支均衡達成、⑥新環境法による自然保護と気候変動対策の実施などを重要な政策とした。クレッグ自身は、「歳出削減と債務拡大を続ける政府からの脱皮」をめざし、あわせて「いずれの政党も単独で政権を作ることにはならないであろう。自由民主党は、保守党政権であればその精神的支柱になり、労働党政権であればその頭脳になる」と、選挙後の連立政権を見越した声明を出した。

野党労働党は、「イギリスはさらに良くなる――イギリスは働く人々が成功して初めて成功する。このマニフェストーは懸命に働く人々に奉仕し、繁栄を共有し、よりよきイギリスを建設する計画である」と**長いタイトルのマニフェストー**[4]を提出した。

そして、①労働時間を契約で自由に決めるゼロ時間雇用協定の廃止、②イギリス居住の外国人が国外で得た収入には課税されない措置の廃止、③二〇一九年までに最低賃金を八ポンド以上に拡大、④税控除の維持、⑤課税最低限の維持、所得税率の維持、付加価値税の維持、⑥新規の全国幼保サービスの導入による幼保時間（八時から一八時）の拡大、⑦大学授業料の減額（六〇〇〇ポンド）などを主要政策とした。ブラウンと後を継いだミリバンド党首は、「政権に就いたら、初年度の予算に毎年度赤字を削減するという誓約を盛り込む」と主張した。政策の多くは、保守党同様に、すでに労働党が公表していたもので、新しさがなくインパクトを欠いたものであった。

ＵＫＩＰのファラージュ党首は、マニフェスト「イギリスを信じる」をＵＫＩＰの「高貴な規範（Gold Standard）」であると述べ、①ＥＵからの離脱、②ポイント制採用による移民規制、③イギリスに五年間居住し納税している移民者だけに福祉関連給付を付与、④外国人犯罪者の移民禁止、⑤課税最低限を一万三〇〇〇ポンドに拡大、⑤相続税の廃止、⑥冬季燃料手当の維持などを提起した。排他的でナショナリスティック、ポピュリスト的色彩を帯びたマニフェストであった。

ＳＮＰは、「スコットランドをより強く」のマニフェストが「耐乏生活への代替案」で、イギリス全体に変化をもたらす政党としての地位の獲得を目標にしたものであるとした。スタージョン党首は、「選挙後に、責任をもって建設的に努力することをイギリスの選挙民に約束する」、「イギリスに進歩的に変化をもたらす運動目標であり、思いを同じくする選挙人と連携をつくり

4　長いタイトルのマニフェスト―　▽原文は次のとおり。"Britain can be better. Britain only succeeds when working people succeed. This is a plan to reward hard work, share prosperity and build a better Britain"

出すものである」とした。①経済と公共投資に一兆四〇〇〇ポンドを投入、②二〇二〇年から二一年度までに国民保健サービスに九五億ポンドの追加融資、③二〇年度までに最低賃金八・七ポンドへ、④年収一五万ポンドを超える層は最高税率五〇％など、イギリス全体を意識した政策を盛り込んだ。旧労働党が追求した福祉国家型の経済政策や社会福祉政策など、再配分政策を鮮明にしたものであった。

政策のポジショニングから見れば、ＵＫＩＰが最も右に位置し、次いで、保守党、自由民主党、労働党、ＳＮＰが並んだ。主要政策は、経済、財政再建、税、福祉給付、教育などの内政が中心であった。ＥＵ問題が争点と言われたが、ＵＫＩＰ以外は総じてＥＵ残留を立場とし、保守党は国民投票を言うだけで態度を明確にしなかった。外交、防衛などは論争にもならなかった。

政党支持の推移と結果

内向きの静かな選挙であったためか、世論調査も安定していた。議会解散後の全国世論調査の支持率は、保守党と労働党で拮抗し、ＵＫＩＰ、自由民主党、緑の党がそれに続くという構造は一度も変わりがなかった。保守党と労働党の支持率は三〇％〜三六％の幅で推移し、その差は最大でも六％であった。ＵＫＩＰが一一％〜一八％、自由民主党が七％〜一〇％、緑の党が四％〜八％で推移した。自民党は保守党と連立政権を組織した直後から支持率を低下させたが、その状況は改善することなく選挙まで続いた。

さらにまた、今回はイングランドとスコットランドではまったく異なる様相を見せていた。全国世論調査だけでは、スコットランドの動きは把握できなかった。同地域の世論調査は、ＳＮＰが四〇％を超える支持率を維持し、時には五〇％半ばに達し、労働党を二〇％～三〇％もリードする状況であった。全国世論にも変化が現れていた。従来は、保守党と労働党の間で支持率が揺れ動いた（Swing）が、今回はそうとはならなかった。保守党の支持がＵＫＩＰに、労働党の支持率が緑やＳＮＰに分散し、全国一律のスイングは見られなくなった。支持の分散と多党化が、世論調査にも示されていた。

この状況で議席予想が難しい。世論調査は過半数を超える政党が出現しない拮抗議会（Hang Government）になると予測し、連立政府の出現が必至とした。選挙戦の終盤、保守党は労働党とＳＮＰの連立でイギリスが変わると訴え、労働党首ミリバンドは、ＳＮＰとの連立も閣外協力も否定した。

選挙戦の最後で有権者は揺れ動いた。スッコットランドでのＳＮＰの圧倒的な勝利を前提とすれば、五〇人近い議員を失う労働党の敗北は必至であろう。この判断が、拮抗議会を嫌う選挙民の判断に影響を与え、保守党への支持に向かわせ、同党の勝利をもたらした。投票のわずかな揺れが、議席数を変える小選挙区制度の結果でもある。

キャメロン保守党の勝利は、深い安定的な支持ではなく、選挙終盤の行方《ゆくえ》の定まらない揺れによってもたらされたと言えよう。その意味で、イギリス政治は今後揺れることになろう。

キャメロン政権はどこに？

キャメロンが党首になった二〇〇五年、保守党への期待は決して高いものではなかった。失業と政府債務が拡大する中、環境や福祉を強調して「生活の質を向上する政治」の主張は奇異でもあった。一〇年の総選挙での薄氷の勝利と連立政権も政党間調整に努力を要求し、キャメロン政治をはっきりと進めることにはならなかった。

この選挙で実現した単独政権は、キャメロン政治を実現することでもある。組閣にそれが現れた。リベラル派のオズボーンが財務相に再任された。彼は五月末に、予算編成で、財政再建を理由にして保健と教育を除き一律に五％削減を求めた。軍事費が象徴的で、一期目もキャメロン政権は九％の軍事費削減を行ったのが、今回はさらに一四億ポンド（約二六六〇億円）の削減を要求したのである。フィナンシャル・タイムズは、「キャメロンが軍事費削減を続けるなら、イギリスが大国としての地位から退いた時の首相として記憶されるだろう」と評した。

キャメロンは、保守党の右派ではない。それを志向するならＵＫＩＰと同じになる。連立を解消したキャメロンは、初めて自分の政治を追求することになる。その時求められるのは、ＵＫＩＰの拡大に象徴されるイギリスのナショナリストと、それに共鳴する保守党右派と彼に近い保守党左派をどう融和させるかが課題となろう。キャメロン政権は、政党間調整から政党内調整の政治に移行することになる。中道右派の問題解決能力が問われる政治が始まった。

The INDEPENDENT

Saturday Edition

SATURDAY 20 SEPTEMBER 2014

WWW.INDEPENDENT.CO.UK

John Walsh: the night I drank with the political elite who run Britain

IN RADAR
Exclusive extract from Hunter Davies's study of Beatles lyrics
Zach Braff's sentimental side
Leonard Cohen's next generation

IN TRAVELLER
Plan your getaway in the only Saturday travel magazine

IN THE MAGAZINE
Fashion Special
Manolo Blahnik's Mary Beard moment
The rarefied world of Daphne Guinness
Nick Knight dissects haute couture

DAVID CAMERON
Cross-party agreement forged over Scottish referendum is shattered by PM's call for 'English votes for English laws'

ED MILIBAND
Labour anger at reforms which could cripple its chances of forming a government capable of commanding a majority

ALEX SALMOND
First Minister steps down with a warning that the row means Scottish voters will not get the devolution they were promised

The disunited kingdom

ANDREW GRICE AND OLIVER WRIGHT

The cross-party consensus that defeated calls for Scottish independence has been shattered immediately by a bitter row between the Conservatives and Labour over David Cameron's plans to bring in "English votes for English laws".

Labour accused the Prime Minister of "playing party politics" with a "quick fix", warning that his sweeping reforms could cripple a future Labour government. Without its large contingent of Scottish MPs, a Labour administration could struggle to get its Budgets and laws passed by the Commons.

In turn, the Tories accused Ed Miliband of trying to kick "the English question" into the long grass after he proposed a constitutional convention that would not report until next autumn – after the May general election.

Scotland voted by 55 to 45 per cent against leaving the 307-year Union, a more decisive margin than the opinion polls had suggested. His dream of independence crushed, Alex Salmond announced his resignation as Scotland's First Minister and leader of the Scottish National Party.

He seized on the Labour-Tory row, accusing the two parties of already reneging on the last-minute promises of further devolution for Scotland which helped sway the referendum.

"I think people in Scotland would be astonished and outraged, particularly those who voted No on this prospectus," he said. "My suspicion is … there is some doubt in the Prime Minister's mind about carrying his own backbenchers, therefore a reluctance to have a [Commons] vote."

Although the reforms affecting Scotland and England will run in parallel, Mr Cameron

Continued on P.2

2014年のスコットランド独立をめぐる国民投票について報じる英紙「インデペンデント（The Independent）」。左から保守党キャメロン、労働党ミリバンド、スコットランド国民党サーモンドの各党首。

10章 労働党はどこに向かうのか

ミリバンドの退場

二〇一五年五月の総選挙で労働党は大敗した。労働党党首E・ミリバンドは、結果を受けて辞任を表明した。当然の政治行動であった。政治家は、結果責任を前提に行動を決めなければならない。イギリス政治の大前提である。そのようにして、政治の刷新が進められたからである。

労働党は、選挙民に応える新たな党首と政策を、再び求められることになった。これまでの流れから明らかなように、九〇年代後半のブレアからブラウンを経てミリバンドに続く政策の流れは、微妙に変化があったが、「新労働党」と称されるいわゆる「第三の道」の政策を踏襲するものであった。それは、二〇世紀初頭の「福祉国家」の理念を受け継ぎながら、八〇年代に展開された「新自由主義」の戦略を取り入れて、公正と競争を調和させて政策開発を行い、選挙民に新たな連合をつくり出すことであった。

様々な試みがなされた。教育再生が謳われ、個人の「雇用能力」を高める生涯教育を前提に、雇用を促すための企業やＮＰＯへの対策が講じられた。地域への大きな権限移譲、地域社会の安全を保障する民間警備の利用、地域社会の再生に関わる対策が講じられた。社会保障給付の修正、国民保健サービスの効率化なども進められた。労働党は、八〇年から保守党が展開した政策を微妙に修正して、新たな政策開発と政治を進めた。

「新労働党」といわれるこれらの試みは、労働党の「中産階級化」や「折衷主義」などとして批判された。労働党の指導者は、イギリスの世界における政治経済的位置の低下、中間階級化と階級社会の変化などの社会変化を踏まえれば当然の試みであり、新たな社会的連合をつくり出すためには必要であることを訴えてこれを進めた。

政策変化は、政治・行政制度の変化にも及ぶことになった。政策の形成・執行に包括的な政策評価が前提として、保守党が進めた政策実行の効率と効果をさらに追及した。保守党が進めた政府機関の民営化とエージェンシーの導入に、企業や民間団体を連携させ精緻化して進めた。ネットワーク政府の形成に外ならない。中央政府が権限を集中する政治から、官民が共同して事に当たる協働政府の形成であった。それは必然的に分権を意味した。それは、外交政策にも及んだ。

覇権的外交の否定である。世界のイギリスからヨーロッパを指導するイギリスを志向し、ＥＵとの連携強化を狙う「ヨーロッパのイギリス」への転換であった。帝国主義的伝統からの脱皮でもある。その志向は、ブレア政権からブラウン政権に続いた。二〇一〇年の総選挙で労働党政権は終わったが、ミリバントもそれを変えなかった。「新労働党」の試みは続いたのである。

地域の変化がもたらしたこと――スコットランドの場合

二〇一〇年の総選挙で誕生した自由民主党との連立によるキャメロン保守党政権も、労働党政権下でつくられた政治の流れを踏襲した。

スコットランドへの権限移譲を前提に、独立を問う国民投票を約束した。保守党は、議席を確保できないスコットランドで支持を回復するために権限移譲を翻すことはできず、イギリス経済界の大陸ヨーロッパとの連携を強める意向を踏まえれば、反ＥＵの姿勢を強く打ち出せなくなっていた。現実を踏まえた保守党の政策修正であった。

一〇年以降の政治経済の変化が、世論に微妙な変化を与える。スコットランドでは、スコットランド議会選挙とイギリス総選挙に異なる動きが生じはじめる。同地域では、伝統的に労働党への支持が強く、その傾向は、大きな権限移譲でスコットランド議会の創設をもたらしたブレア労働党への返礼であるのか一〇年の総選挙まで続いた。

しかし、二〇〇〇年代には、スコットランド国民党への支持が徐々に拡大して議席を伸長させていた。同党は、〇七年のスコットランド議会選挙で勝利して少数単独政権を誕生させ、かつての労働党が進めた福祉政策、教育や医療への助成、地域振興のための公共投資などを展開した。「旧労働党」の政策への回帰として認識された。それは、八〇年代から続いた労働党や保守党とは異なる政治志向であった。スコットランド国民党の政策は大きな転換ではなかったが、小さな差異が大きく認識され、スコットランドの選挙民にスコットランド国民党への支持が拡大したのである。

そうした状況で、一〇年の総選挙で、スコットランドの政治志向と異なる保守党政権が、イギリス中央に誕生した。もともと保守党に対する支持がないスコットランドで、反発が生じるのは当然であった。同時に、九〇年代から保守党の政策を部分的に取り入れ、折衷主義と言われた「新労働党」の政策を進めた労働党への不信も拡大した。一一年のスコットランド議会選挙にそれが現れ、労働党は四六議席から三七議席、保守党は一七議席から一五議席、自由民主党は一六議席から五議席と、主要政党はいずれも議席を減らした。

他方で、スコットランド国民党への支持は拡大し、四七議席から六〇議席へと飛躍した。同党は単独で過半数を制して新政権を誕生させた。それは、スコットランドが、イングランドやその他の地域と異なる固有の政治を進めることの宣言でもあった。労働党が「新労働党」として進めた九〇年代の権限移譲政策が、予想もしない政治結果を生んだのである。

スコットランドがイギリス連合王国からの独立を求めていたわけではない。世論調査は、スコットランド住民の多くが、一一年以降も一貫して権限移譲を求めているが、独立を志向しないことを明らかにしていた。それ故にこそ、キャメロンも独立を問う国民投票を約束したのである。

一四年のスコットランドでの国民投票は接戦となったが、独立は回避された。しかしそれは、イギリスの中央が志向する政治と異なる政治を追求するというスコットランドの熱意を冷ますことにはならなかった。一五年の総選挙で、スコットランド国民党が同地域の議席を独占したからである。それは、「旧労働党」型の政治への回帰を鮮明にするものであった。

こうしたスコットランドの政治傾向は、イギリスの他の地域でも底流として存在していた。労働党左派や労働組合の中に、大きな勢力ではなかったが、「中産階級化」を志向する労働党に批判的な人々が存在し続けていたからである。それが、ブラウン政権の崩壊、スコットランド政治の新潮流、ミリバンドの政権奪取の失敗などによって覚醒して広がりを見せることになった。金城湯池であるスコットランドで議席を失い、政権奪取から遠ざかった労働党に、大きな不信と懐疑が生まれることになった。

ＥＵの変化がもたらしたもの

労働党が進めたもう一つの政策にも懐疑が生まれていた。ヨーロッパ中心ならびにＥＵ政策である。

ＥＵは、九〇年代後半以降その機構を成熟させることになった。それは、ロシアや中東などに対する外交や経済危機に対する対応の結果であったが、基本的には「国家間主義」から「超国家主義」への転換であった。ＥＵは、各国政府の合意（満場一致）を前提に物事を決める「国家間主義」を前提にしていたが、経済・金融・財政、社会保障、人権、文化・教育などの分野について徐々に「多数決方式」を導入、その決定によって各国を拘束する「超国家主義」へ転換していった。今なお、共通の外交や安全保障分野では「国家間主義」を前提としているが、二一世紀になって「超国家主義」の分野が拡大したのである。

決定された指令や法令は、各国議会の承認で内部化され拘束力を持つことになるが、そこにも変化が現れる。二〇〇〇年のニース条約、〇七年のリスボン条約（→一八一ページ）を経て、拘束力が拡大された。銀行同盟、財政同盟などが典型であるように、ＥＵそのものが、あるいはヨーロッパ中央銀行などの機関が、国を超えて加盟各国の金融・財政を規制する。それは加盟各国が持っている主権そのものの制限を意味する。

各国の市民は、ＥＵや国際機関に権限を委ねることに抵抗感を有することになる。こうして、国家主権を守るか、国家を超えた機関にそれを委ねるかについて各国で対立が生じることになる。「超国家主義」の流れに反対し、国家主権を声高に叫ぶ勢力も台頭する。排外主義のポピュリズムと共鳴しながら、ＥＵを支持する勢力としない勢力、統合と離脱を求める動きが、欧州議会選挙のみならず各国の選挙にも現れて加盟各国の政治に影響を与える。

イギリスも例に漏れない。移民の抑制やＥＵからの離脱を唱えるイギリス独立党（ＵＫＩＰ）に支持を表明する世論が拡大する。一五年の総選挙にそれが現れる。それが、主要政党の政策や政治的動きに影響を与える。これまでの親ＥＵ政策を継続することが、選挙民の支持を確保することにつながり、政権奪取をもたらすのか。

一五年、労働党はこうしたためらいの中で総選挙を迎えて敗北したのであった。ミリバンドの辞任を受け、新たな党首を選ぶ選挙が実施されなければならなくなった。

コービン党首の誕生

ミリバンドの下で、党首選挙の方式は変えられていた。従来は、労働党議員団（労働党議会議員と労働党欧州議会議員）が三分の一、労働党個人党員が三分の一、加盟労働組合および友好社会団体が三分の一の票が割り当てられ、それを制することで党首が選ばれた。

それが、議員及び個人党員、加盟組合・友好団体サポーター、登録サポーターが選挙人団を構成し、「一人一票」の投票で党首が選択されることになった。三ポンド支払えば、誰でも登録サポーターとして登録しなければ選挙に参加できなくなった。加盟組合・友好団体の組合員も、サポーターとして参加できることになった。それらの選挙人の投票で、過半数を制した者が当選する。それが無ければ最下位の者を排除して再投票を繰り返し、過半数を確保した者が当選する。立候補には、労働党議員団の一五％（三五名）の推薦が必要とされることになった。

選挙日程は、二〇一五年六月九日立候補公示、一五日締め切り、八月一二日に選挙人登録を終了する。一四日に投票用紙が配布され、九月一〇日投票締め切り、一二日が開票と特別大会となった。八月一三日、党員二九万二〇〇〇人、加盟組合・友好団体サポーター一九万二〇〇〇人、登録サポーター一一万二〇〇〇人、合計約五五万二〇〇〇人が選挙人となったことが公表された。

立候補の締め切り前に様々な名前が上げられた。世論調査は、前党首エド・ミリバンドの兄でブラウン政権の外務大臣だったデイヴィッド・ミリバンド（五〇歳）、影の保健大臣Ａ・バーナム

(四五歳)、影の内務大臣Y・クーパー(四六歳)などに支持が高いことを明らかにしていた。

そうした中、A・バーナムが議員の二九・三%(六八人)の推薦、Y・クーパーが二五・四%(五九人)の推薦、影の介護担当大臣L・ケンドール(四四歳)が一七・八%(四一人)の推薦、〝陣笠議員〟で役職の無いJ・コービン(六六歳)が一五%をわずか〇・二%上回る(三六人)推薦で立候補することになった。

バーナム(Burnham, Andy [Andrew Murray])は、八〇年代に労働党に加わり、労働党議員の研究員として働いていた。九七年に労働党政権が誕生すると議会職員となり、九八年に文化・メディア・スポーツ担当大臣の特別顧問となった。〇一年の総選挙で議員に当選し、その後内務省政務官や教育省政務官を務めた。〇五年に再選され、ブラウン政権で、国務副大臣や保健担当大臣、〇七年に財務大臣、〇八年に文化・メディア・スポーツ大臣、〇九年に保健大臣となった。一〇年にブラウン政権が崩壊すると、労働党首選に出馬し、E・ミリバンドに負け、その後、影の教育相などを務めた。

クーパー(Cooper, Yvette)は、インディペンデント紙で経済ジャーナリストとして活躍、労働党が大勝した九七年の総選挙で議員となった。ブラウン政権で、住宅担当大臣を経て、財務省主席担当官、雇用・年金大臣となった。ミリバンド党首の下で影の内務大臣を務めていた。

ケンダール(Kendall, Liz [Elizabeth Louise])は、一〇年の総選挙で議員となった。一〇年の党首選挙でミリバンドを支持、影の内閣改造で影の保健副大臣に抜擢され、一一年に影の介護相となっていた。

六月になり、多くの新聞がロンドン近郊のイリントン北部選挙区から選出されているコービンが、立候補すると報じた。コービンは、地元紙に「耐乏生活に反対」という政策で立候補すると表明していた。古くからの議員であるが、多くの人に知られる人物ではなく党の要職にもついていなかった。多くの人々にとっては驚きであった。

コービン（Corbyn, Jeremy Bernard）は、一九四九年生まれ。グラマー・スクールを卒業後、公務員組合とエンジニア・電気連合組合の専従職員となり、その後、仕立て被服職人組合の専従職員を経て地方議員となった。八〇年の党首選挙に、左派のT・ベン（→九五ページ）を支持し、彼の副党首選のキャンペーンに尽力した。ベンが副党首選挙で負けると、イリントン地区労働党の書記となり、八三年の総選挙でイリントン北部選挙区選出の議員となった。当選後、労働党左派の**《社会主義者キャンペーン・グループ》**[1]（SCG）に加入した。

経歴から明らかなように、議会労働組合グループの一員で、地方公務員・医療・介護職員組合（UNISON）、鉄道・海運・運輸労働組合、技術専門職・運輸一般労働組合などから支持を受けていた。労働党左派の〝陣笠議員〟として、党の方針にしばしば反対する反乱分子として名を馳せていた。

イラク戦争の際には、労働党政権のイラク介入に反対、スコットランド国民党やウエールズ国民党とともにイラク戦争に関わる議会調査の開始を求めた。ファシズムやイギリス国民党ならびにイギリス独立党の排外主義とナショナリズムにも反対を表明していた。ある意味、「旧労働党」の福祉国家型政策を信奉する政治家で、歯に衣《きぬ》を着せぬ物の言い方で労働党指導部を批判する、反主流の左派を代表する人物とみなされていた。

コービンは体系的に政策を明らかにしていない。断片的に、鉄道やエネルギー産業の再公有化、国民保健サービスの公有化、国民保健サービスと同様の国民教育サービスの創設、ＰＦＩの否定、国有の国民投資銀行の創設などを求めている。それは、九〇年代から続いた労働党の政策路線とは明らかに異なるものである。その彼が、議員のわずかの推薦で、立候補に到ったのである。

立候補者がそろうと世論の流れが変わった。現状のイギリス政治、それに明確な対案を出せず政権を確保できない労働党主流に不満を持つ世論が湧き上がった。世論調査は、六月から八月へと月を追うごとにコービンへの支持が拡大し、バーナムのそれが縮小することを明らかにした。とりわけオンライン調査で顕著であった。

1 社会主義者キャンペーン・グループ（Socialist Campaign Group）▷通称「SCG」。左派グループ。八〇年代、キノック党首時代に左派最大の派閥だった「トリビューン・グループ（Tribune Group）」が、T・ベンへの支持をめぐって分裂し、ベンとその支持者が立ち上げたグループ。ブレア辞任後の二〇〇七年の党首選では、労働組合政党のイメージを脱却した「ニュー・レイバー」路線への反発から、労組出身のジョン・マクドネル（McDonnell,John／一九五一〜）の擁立を目指したが断念（ブラウンが党首選で勝利）。

党首選挙結果（第1ステージで決定）

候補	党員	加盟組合・団体サポーター	登録サポーター	合計
J.コービン	**121,751**	**41,217**	**88,449**	**251,417（59.5%）**
A.バーナム	55,698	18,604	6,160	80,462（19.0%）
Y.クーパー	54,470	9,043	8,415	71,928（17.0%）
L.ケンダール	13,601	2,682	2,574	18,857（4.5%）

スコットランド国民党や英国独立党への支持が急速に高まった時と同じ現象であった。「ポピュリズム的現象」であったと言ってもよいであろう。

その傾向を、新たに導入された登録サポーター制度が後押しし、党首選に反映させた。底流としてあった労働組合内部の「新労働党」政策に対する不満も、世論の流れに呼応するかのように表面化し、加盟組合・団体サポーターのコービンへの支持を拡大させた。「新労働党」の流れで誕生してきたバーナムなどの候補者への支持は、候補者の一本化が図られなかったために三候補者分散した。結果は明らかであった。

投票率は七六・三％、八〇％を超える投票がオンラインでなされ、第一回の投票で結果がもたらされた。コービンの地滑り的な大勝であった。登録サポーターの投票（八三・八％）が当選に大きく寄与し、党員の四九・六％、加盟組合・団体サポーターの五七・六％からも支持を獲得していた。

立候補の際の推薦から明らかなように、議会議員か

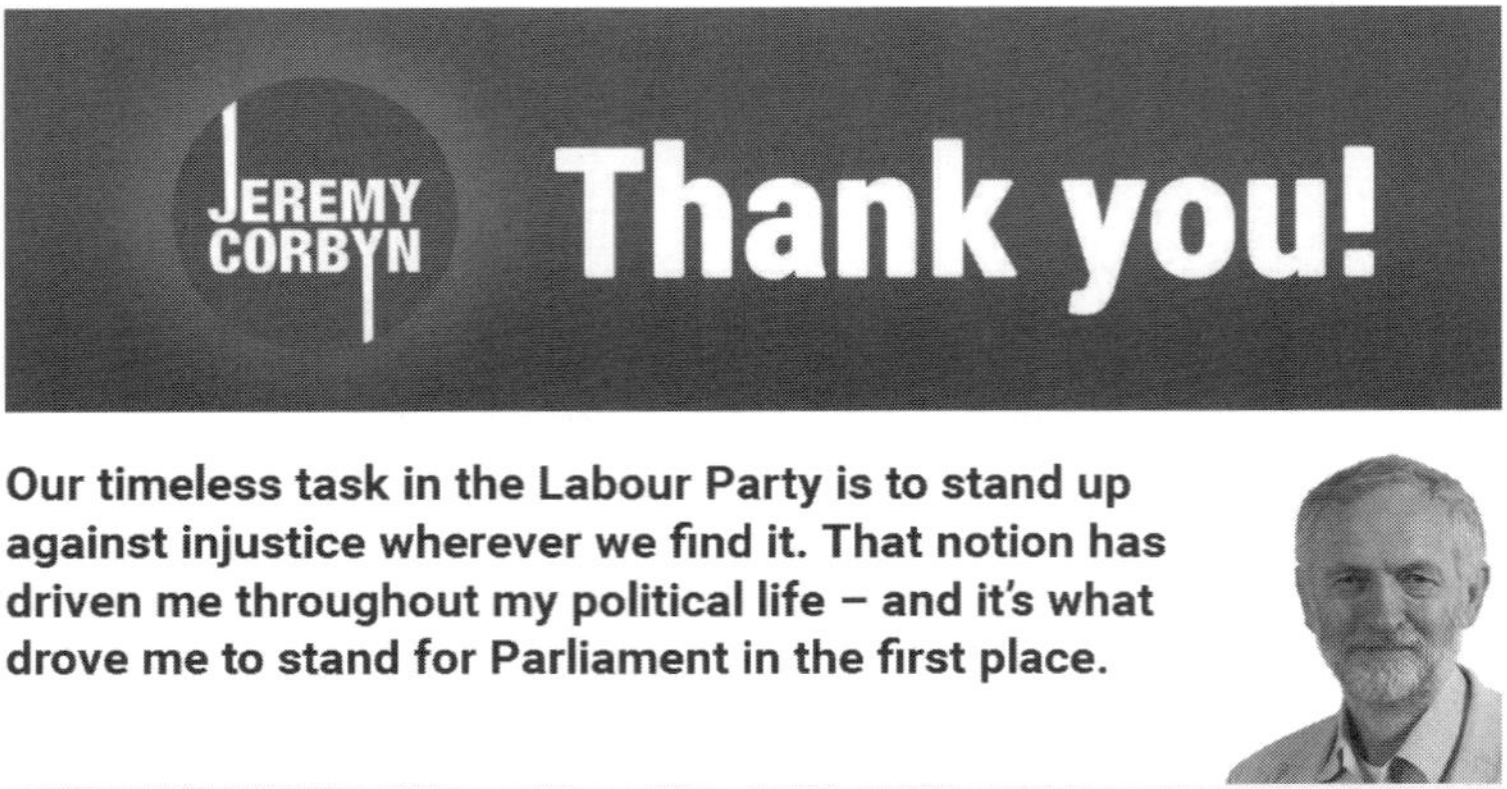
JEREMY
CORBYN
Thank you!
Our timeless task in the Labour Party is to stand up against injustice wherever we find it. That notion has driven me throughout my political life – and it's what drove me to stand for Parliament in the first place.

コービンの党首選挙キャンペーン用ウェブサイトより

らはほとんど支持がない状態でこの結果がもたらされた。その後、影の内閣が組織された。ミリバンド党首の下での影の閣僚の多くが去った。クーパー、ケンダールも同様である。バーナムだけが影の内務大臣として残ることになった。

混乱の中、どこに向かうのか

新たに形成された党首選制度は、多くの選挙民を取り込む「開かれた」制度であるだけに、世論の流れに呼応しやすい。一時的な世論の風や熱狂を取り込みやすく、それによって結果を導き出してしまう。他方でそれは、組織が営々とつくり上げてきた歴史をいとも簡単に変えてしまう。労働内部だけでなく、労働党に関連する知識人や政策シンクタンクなどにも影響を与える。

九〇年代から続けられた「旧労働党」からの「現代化」と「新労働党」への試みは何であったのか。労働党や関連する団体は、そしてまた広くイギリスは、大きな驚きとともに茫然自失の状況にある。コービン登場後、イギリスを囲む政治経済状況は刻々と変わりつつあるのに、それに対して労働党は明確なメッセージを出せない状況になっている。それが、労働党指導部に対する懐疑を導き出している。果して労働党は、コービンが断片的に主張していたように、「旧労働党」に回帰するのか。

回帰するとするなら、その主要政策はいかなるものになるのか。そして同時に、それらはこれまでの「新労働党」の政策と大きく変わるものなのか。

それとも何らかの整合性を保つものなのか。同時に、それらを労働党内部のいかなる勢力や人物が担って行くのか。今の段階で、誰にもわからない。ある意味、イギリスの労働党は、「新労働党」以後で最大の混乱にある。

ただ一つ指摘できることは、「旧労働党」に回帰しても、イギリスの市民の間に新たな期待や政権をつくり出すだけの連合を生み出せないことである。労働党は、時代に即した新たな連合と期待をつくり出すために、党内部の様々な対立を克服しながら、党の「現代化」を継続的に試みてきた。「現代化」そのものが歴史であったと言えるであろう。

一九四〇年代の「現代化」がアトリーを中心とした社会政策の導入と展開であり、六〇年代の「現代化」がウィルソンを中心としたコーポラティズムの形成と社会政策の精緻化であった。九〇年代の「現代化」は、述べるまでもなくブレアやブラウンを中心とした「第三の道」であった。

それらがあったからこそ、労働党は生き残ってきたのである。それは、民主社会主義の精神を確認して踏襲しながら、時代状況に即して人々の期待や願いを受け止め、時代が突きつける課題になんらかの成果を導き出せる政策や手段を提起する試みであった。それは古い時代の政策に回帰することではなく、それを尊重しながら刷新することにあった。

古い時代の政策は古い時代のものであり、現代のものではない。現代のイギリスの労働党に求められるのは、現代の政治経済状況を冷徹な眼で見つめ、「新労働党」以後の政策をあらゆる資源を動員して開発することであろう。

歴史の流れは時に逆流する。しかし、それにたじろぐなら全てが無にされてしまうであろう。

だからこそ、果敢な試みが求められるのである。その一歩を踏み出せないなら、イギリス市民の間に新たな期待も連合もつくり出せない。政権からもますます遠ざかり、イギリス自由党と同じ道を辿るかもしれない。イギリス労働党は、最大の転機に来ているのである。

そして、イギリス政治は、最大の危機を迎えた。二〇一六年六月、ＥＵからの離脱か残留かを問う国民投票である。多くの人の予想に反して、「離脱」が結果となった。結果は出たが問題は解決されなかった。国民世論が分裂にあることを明らかにした国民投票であった。対立を浮かび上がらせたのである。若年層と高齢者層、都市と農村、スコットランドとイングランド、低所得層と中産階級など様々な対立を明らかにする。これらをどのように統合するのか。

イギリス労働党を超えて、イギリス政治は最大の問題に直面している。それを克服した時、新たな展望が築かれるであろう。

あとがき

イギリスとの長いつき合いの中でこの本は出来上がった。第二次大戦後の民主主義教育を受けて育った私にとって、民主主義の思想や制度に疑う余地はなかった。

明るい未来でもあった。それらが、一七世紀のヨーロッパから生じた市民革命を経て誕生したことを知った。高校生程度の世界史に関する知識である。同時に、その近代民主主義を胚胎させた国の一つがイギリスであることを知った。

一九七〇年代の大学紛争の混乱の中で大学生活を始めた。授業は間欠的であったが、刺激的で多くのことを学んだ。政治学を講じた後藤一郎先生は、イギリスにおける福祉国家の形成過程を講義し、その未来が明るいことを伝えた。

東京都立大学から早稲田に移った社会思想史の関嘉彦先生からは、福祉国家をつくり出した思想的背景を知り、福祉国家の理念や政策の実現にイギリス労働党が大きな役割を果たしたことを知った。それらが重なり、イギリス政治と思想、福祉国家、そしてイギリス労働党への関心が急速に高まることになった。

大学4年の時、後藤一郎先生の推薦で大学院への進学を決めた。しかし、先生はその年の九月に亡くなってしまった。途方に暮れていた時、マスコミ論とコミュニケーション論を担当していた岩倉誠一先生が声をかけてくれて大学院生活を始めることになった。岩倉先生は、政治コミュニケーションや世論と政治行動に関連する研究を深い寛容さで認めてくれた。

もう一人の師を挙げなければならない。アメリカ政治と政治過程論を講じていた内田満先生である。選挙研究や世論研究を深めてくれるとともに、現代民主主義論と併せて政党政治の変容を丁寧に教えてくれた。その中で、七〇年代から続くイギリス福祉国家の陰りや、イギリス政党制の変容を追いかけることが必要であると考えることになった。

それらの多くの先生の教えを十分に満たしているとは言えないが、六〇年代から七〇年代の、早稲田政治学を華やかに彩った先生方の教えの上にこの本は成り立っている。それら先生の示唆が無ければこの本はなかったであろう。

それでは、なぜイギリス政治やイギリス政党政治そのものではなく、イギリス労働党なのか。その理由はなかなか明確にしえない。あえて言うなら、その理由はイギリスにあるのではなく、日本政治そのものにある。

周知のように、戦後長く日本政治は自民党の下にあった。自民党は日本に大きな成果をもたらしたが、他方で様々な課題を残していた。そうした中、自民党と異なる可能性に賭けて政治を行い、それが失敗すれば、さらに新たな可能性に賭ける試みが、なぜ日本では無いのかと思っていた。政権交代である。政権交代が大きな成功をもたらすかは分からないが、新たな可能性を広げると思っていたからである。異なる視点から多様な試みをなすことが、民主主義政治の前提であるとも考えていた。同時に、政権交代があることが日本の民主主義の成熟を示すことであるとも思っていた。政権交代のメカニズムへの関心が拡大した。

イギリス政治が望ましいものとは考えていなかったが、イギリスで政権交代がどのようにして生まれるのかを知りたいと思った。焦点は、イギリス労働党にあると考えるにいたった。イギリス労働党は、戦後のイギリス政治を長期にわたって支配していたわけではない。政権期間の長さから比較すると、保守党のそれに及ばない。

それにもかかわらず、政権交代を果たして戦後のイギリスの政治のその後の流れを決定づけた。アトリー政権は福祉国家の基礎をつくり、ウィルソン政権は戦後の繁栄の中で生活様式が大きく転換する中で政治目標を変え、国民の間で新たな合意形成のメカニズム（コーポラティズム）を形成した。長い空白を経て誕生したブレア政権は、新自由主義後の新たな政治として「第三の道」を提唱した。それらは、イギリスを超えて世界の政治に影響を与えた。政権交代の過程を、そしてまたアトリー、ウィルソン、ブレアの政治を、長期にわたる視点から書きたいと思い続けていた。そのような長年の思いが続いてこの本は出来上がったのである。

政策研究フォーラムの月刊誌『改革者』の編集部が、イギリス労働党の歴史について連載することを許してくれた。貴重な機会を与えてくれて感謝している。

政権交代の過程もイギリス労働党の政治の本質や変容を十分に描けているとは思われない。学術的な専門書ではなく、多くの人にとって読みやすいものと考えていたので、話の流れを重視して細かい部分を大幅にカットせざるを得なかった。

追求した読みやすさも十分ではないであろう。十分さを求め続けると、出版はますます遠のいてしまう。見切りをつけて出版を決めた。様々な形で教えをいただいた師たちへの感謝を早くしたいという思いもあった。十分な内容ではないが、今後さらに修正を重ね充実したものにすることを約束しておきたい。

菊池公男一藝社社長は、出版事情が悪いにもかかわらず、快く出版を引き受けてくれたばかりでなく、編集担当として松澤隆君をつけてくれた。お二人の協力と支援なしには、やはりこの本はあり得なかったろう。言葉に言い尽くせないほど感謝をしている。その意味でも、多くの人の目に触れることを心から願っている。

二〇一六年六月

谷藤　悦史

谷藤悦史「イギリスにおける政治コミュニケーションの変化」『早稲田政治経済学雑誌』331号、1997年

Robert Eccleshall and Graham Walker, *Biographical Dictionary of British Prime Ministers*, Routlege, 1998.

谷藤悦史「1997年イギリス総選挙に関する分析」『選挙研究』No.13、1998年

河北稔・木畑洋一編『イギリスの歴史――帝国＝コモンウェルスのあゆみ』有斐閣、2000年

谷藤悦史「転換するイギリス政治――ブレア政権の政治改革を中心に」月刊『自治研』9月号、2001年

M.Pearce & G.Stewart, *British Political History, 1867−2001. 3rd Ed.*, Routledge, 2002.

Steven Fielding, *The Labour Party*, Palgrave, 2003.

A.ブリッグズ著、今井宏・中野春夫・中野香織訳『イングランド社会史』筑摩書房、2004年

P.クラーク著、西沢保・市橋秀夫・椿建也・長谷川淳一他訳『イギリス現代史　1900−2000』名古屋大学出版会、2004年

A.ローゼン著、川北稔訳『現代イギリス社会史1950−2000』岩波書店、2005年

David Butler & Gareth Butler, *British Political Facts Since1979*, Macmillan, 2006.

谷藤悦史「ブレア政治の10年――『新労働党』政治実験の光と影」『世界』8月号、2007年

Anthony Seldon, ed., *Blair's Britain 1997−2007*, Cambridge University Press, 2007.

Andrew Thorpe, *A History of the British Labour Party, 3rd Ed.*, Palgrave, 2008.

木畑洋一・秋田茂編『近代イギリスの歴史――16世紀から現代まで』ミネルヴァ書房、2011年

David Childs, *Britain since 1945 : A Political History, 7th.Ed.*, Routledge, 2012.

Robert Pearce and Graham Goodlad, *British Prime Ministers : From Balfour to Brown*, Routledge, 2013.

Paul Cairney and Neil McGarvey, *Scottish Politics, 2ed.*, Palgrave, 2013.

◎参考文献

R.B.McCallum and Alison Readman, *The British General Election of 1945*, Macmillan, 1945.

H.G.Nicholas, *The British General Election of 1950*, Macmillan, 1950.

David Butler, *The British General Election of 1951*, Macmillan, 1951.

David Butler, *The British General Election of 1955*, Macmillan, 1955.

David Butler and Richard Rose, *The British General Election of 1959*, Macmillan, 1959.

David Butler and Anthony King, *The British General Election of 1964*, Macmillan, 1964.

David Butler and Anthony King, *The British General Election of 1966*, Macmillan, 1966.

David Butler and Michael Pinto-Duschinsky, *The British General Election of 1970*, Macmillan, 1970.

David Butler and Dennis Kavanagh, *The British General Election of February 1974*, Macmillan, 1974.

David Butler and Dennis Kavanagh, *The British General Election of October 1974*, Macmillan, 1975.

David Butler and Dennis Kavanagh, *The British General Election of 1979*, Macmillan, 1979.

David Butler and Dennis Kavanagh, *The British General Election of 1983*, Macmillan, 1983.

David Butler and Dennis Kavanagh, *The British General Election of 1987*, Macmillan, 1987.

David Butler and Dennis Kavanagh, *The British General Election of 1992*, Macmillan, 1992.

David Butler and Dennis Kavanagh, *The British General Election of 1997*, Macmillan, 1997.

David Butler and Dennis Kavanagh, *The British General Election of 2001*, Palgrave, 2001.

Dennis Kavanagh and David Butler, *The British General Election of 2005*, Palgrave, 2005.

Dennis Kavanagh and Philip Cowley, *The British General Election of 2010*, Palgrave, 2010.

Philip Cowley and Dennis Kavanagh, *The British General Election of 2015*, Palgrave, 2015.

関嘉彦『イギリス労働党史』社会思想社、1969年

谷藤悦史「1987年イギリス総選挙に関する分析」『選挙研究』No. 3、1988年

Peter Dorey, *British Politics since 1945*, Blackwell, 1995.

谷藤悦史「イギリス投票行動研究の推移とその論点――戦後期のイギリス選挙研究を中心にして」『早稲田政治経済学雑誌』328号、1996年

4月	自民党マニフェストー「あなたのために役立つ変化：公正な英国の建設」を発表。 マンチェスターで、イギリス史上初の各党首によるテレビ国政討論、ITV1 で放映、世論調査で自由民主党クレッグがリード（15 日） 緑の党マニフェストー「公正は戦いに値する」を発表。 北アイルランド民主統一党「北アイルランドを前進させよう」を発表。 スコットランド国民党、マニフェストー「地方のチャンピオンを選択しよう」を発表。 失業者数 43,000 人増で 250 万に。 ブリストルで第 2 回テレビ討論、SKY で放映（22 日）。外交と内政全般を議論。 ギリシャ危機、IMF と EU から救済措置。 英国国民党マニフェストー「民主主義・自由・文化そしてアイデンティティ」を発表。 アルスター統一党、保守党と同じマニフェストーを発表。 ブラウン首相、遊説中に年配の女性から議論され、その後オンマイクに気づかずに「偏屈な女」とコメント（28 日）。 シンフェーン党「2010 年総選挙マニフェストー」をオンラインで発表。 第 3 回テレビ討論をバーミンガムで実施、BBC 放映（29 日）。経済問題中心。
5 月	総選挙、保守党 307 議席、労働党 258 議席、自由民主党 57 議席、その他 28 議席。 ブラウン辞任。保守党キャメロンを首相とする保守・自由民主党連立政権誕生（クレッグ党首の副首相就任を含む、5 人の自由民主党議員が入閣）。
9 月	労働党大会。エド・ミリバンド（ブラウン内閣でエネルギー・気候変動相）、実兄のデイヴィッド・ミリバンド（同内閣で外相）を、50.65%対 49.35%で破り、労働党首。
2011 年	
5 月	スコットランド議会選挙、スコットランド国民党による単独過半数政権誕生。
8 月	ロンドンで警官による黒人青年射殺事件。事件発生のトッテナム地区で住民の暴動が発生。数日間で、放火・略奪など国内各地に波及。
2012 年	
5 月	エリザベス女王、アイルランド公式訪問。独立運動の犠牲者追悼。
7 月	ロンドンオリンピック。
2013 年	
1 月	キャメロン首相、EU 離脱の是非を問う国民投票実施を公約。
4 月	サッチャー元首相、死去。
11 月	スコットランド議会、独立に関する国民投票法成立。
2014 年	
9 月	スコットランド独立に関する国民投票、反対 55.25%、賛成 44.64%で、分離独立否定。
2015 年	
5 月	総選挙、保守党勝利（24 議席増の 331）。自由民主党惨敗（47 議席減の 8）で、連立政権離脱、クレッグ自由党首辞任。キャメロン保守党単独政権。 労働党は議席を減らすも第 2 党維持（26 議席減の 232）、スコットランド国民党は大躍進で第 3 党に（50 議席増の 56）。ミリバンド党首辞任。
9 月	コービン労働党首に選任（副党首は 2007 年以降ハーマンが再任）。
2016 年	
6 月	労働党庶民院議員コックス（Cox, Jo）、EU への残留を呼びかける集会で、右派の男性に射殺される（41 歳）。 EU からの離脱の是非を問う国民投票。EU「離脱」支持が、「残留」支持を上回る（加盟国の離脱は、EU 史上初）。

5月	ロンドン市長に、保守党庶民議員ジョンソンが、リビングストン（労働党）を破り初就任。
6月	アイルランド国民投票、リスボン条約を否定。
9月	アメリカの投資銀行リーマン・ブラザーズ破綻申請。
	アメリカ連邦準備局、ＡＩＧ保険会社救済。
	FTSE、2005年以降初めて5000ポイント低下。
	ロイズTSB銀行、住宅ローン会社HBOS買収に合意、金融サービス局銀行株の短期売却禁止を発表。
	ポールソン米財務長官、金融機関に7000億ドルの緊急援助発表。
	英政府、住宅ローン会社ブランドフォード・アンド・ビングリー国有化、アイルランド政府　全ての銀行預金の保護を発表。
	銀行預金保護を35000ポンドから50000ポンドに引き上げ。FTSE、1日で7.85%という記録的下落。
	財務省、金融崩壊を阻止する5000億ポンドの銀行救済計画を公表。
	FTSEで8.85%下落、ダウ・ジョーンズ8%下落。日経平均10%下落、石油価格急落。
10月	ワシントンでＧ７金融担当相緊急会合、金融危機への協調対応協議。
	ブラウン政権、RBS、HBOS、ロイズTSBなど大手金融機関に370億ポンドの資金注入。
11月	アメリカ大統領にオバマ選任。
	ダーリング財務相200億ポンド金融刺激策、付加価値税率2010年まで17.5%から15%に。2011年から年収15万ポンド以上の税率45%に。
2009年	
1月	政府、銀行に対する第2次救済措置発表。
3月	失業者数200万突破。
4月	ロンドンG20サミット。IMFへの1兆1千億ドルの追加資金提供、タックス・ヘイブン地域とヘッジ・ファンドへの規制強化発表。
	新監視機構が世界金融システム問題に取り組むことを宣言。金融刺激策合意なし。
	2010年4月に年収15万ポンド以上に所得税率50%表明。
	イギリス軍、イラクから撤退。
6月	欧州議会選挙。
7月	政府、ローヤル・メイルの部分的民営化断念。
8月	内務省、市民権を求める移民に新たなポイント制を公表。
	失業者数243万人、過去14年間で最悪。
10月	アイルランド、2回目の国民投票67.1%でリスボン条約承認。
11月	ブラウン首相、2010年選挙に、3政党間で3回の党首討論を発表。
2010年	
1月	保守党首キャメロン、2010年を「変化の年」と宣言。
2月	ウエールズ議会、英国議会の承認なく法制定をなすことの国民投票で賛成上回る。
	失業数3000人減少246万人に。
	選挙管理委員会、2009年下四半期で保守党への寄付金1048万ポンド、労働党500万ポンド弱、自民党100万ポンドを公表。
	「首相討論」として、テレビ党首討論の実施決定。
	総選挙公示。ダーリング財務相25億ポンドの予算発表。
3月	議会解散、労働党マニフェスト－「全ての人々に公正な未来」を発表。
4月	保守党マニフェスト－「英国政府に加わることへの招待」を発表。
	ウエールズ国民党マニフェスト－「異なる思考：ウエールズ国民党を考える」を発表、英国独立党マニフェスト－「人々に力を」を発表。

10月	ダンカン・スミス75対90で、保守党議員の信任を失う。
11月	ハワード、保守党党首に選出。
12月	フセイン元イラク大統領、アメリカ軍に捕捉される。
2004年	
1月	ハットン報告書提出、BBC経営委員長と会長辞任。
2月	ブレア、諜報に関するバトラー卿委員会立ち上げ。
3月	スペイン新首相R. サパテロ、イラクからのスペイン軍の撤退を指令。
4月	ブレア、EU憲法に関する国民投票を約束。
	欧州議会選挙、保守党28議席、労働党19議席　自由党12議席　英国独立党12議席、その他6議席。
6月	ブレア、ダブリンサミットでEU憲法に合意。
9月	サーモンド、スコットランド国民党首に就任。
11月	ブッシュ米大統領、再選。
2005年	
1月	ブレア、選挙キャンペーンでブラウンが中心的役割を果たすことを確約。
3月	自由民主党「真の代替勢力」キャンペーンを立ち上げ
4月	ブレア、選挙公示。議会解散。
5月	総選挙、労働党（党首ブレア）勝利。保守党ハワード党首辞任を表明。
	フランス、国民投票でEU憲法拒否。
6月	オランダ、国民投票でEU憲法拒否。
	スコットランド、グレンイーグルでG8サミット。
	2012年のオリンピック開催地がロンドンに決定。
	ロンドンでテロ事件発生。
12月	キャメロン、保守党首に選出。
2006年	
1月	ケネディ、自由民主党首辞任。
3月	キャンベル卿、自由民主党首に選出。
5月	イングランド地方選挙、労働党254議席、18市町の支配権を失う。
9月	ブレア、党大会で党首として最後の大会と表明。
2007年	
5月	ブレア首相10年目、後継者として蔵相のブラウンを約束。
	スコットランド議会選挙でスコットランド国民党勝利、ウエールズ議会選挙で労働党過半数を失う。
	ブレア、首相辞任を表明。プレスコットも副党首辞任を表明。
6月	マンチェスター特別党大会でブラウン労働党首に選出、H. ハーマン副党首。
	ブレア首相辞任、ブラウン首相官邸入り、「変化」を約束。
7月	ブラウン政権、憲法制度改革に関するグリーン白書提出。
9月	ブラウン、首相として初めて党大会で演説。
10月	ブラウン政権、銀行と信用組合の預金につき35,000ポンドまで預金保護を発表。
	クリスマスまでに1000人の軍隊帰還を表明。
	キャンベル卿自由民主党首を辞任、ケーブル副党首が暫定的に党首に。
12月	ケーブル自由党首辞任、クレッグが新党首に。
2008年	
2月	ノーザンロック銀行、一時的に国有化。
3月	庶民院でリスボン条約に関する国民投票を否決。
5月	イングランド、ウエールズで地方選挙。労働党334議席減（過去40年間で最大）、保守党257議席増、自由民主党33議席増。

2001年	
1月	労働党「犯罪との10年戦争」公表。
2月	ブレア、2年以内にユーロについて決断を表明。
	15億ポンドの道路建設計画を発表。
3月	保守党、党員が30万と戦後最低を公表。
4月	失業者過去25年間で最低、100万以下。
5月	地方選挙を6月7日まで延期を表明。
	政府、口蹄疫終息を表明（2月に発症以来、ヨーロッパを中心に国際問題化）。
	選挙公示。保守党マニフェストー「常識の時」公表、議会解散。
	自由民主党マニフェストー「自由、正義、誠実」公表。
6月	労働党マニフェストー「イギリスへの大いなる希望」公表。
9月	総選挙、労働党（党首ブレア）勝利。投票率戦後最低、ヘイグ保守党首辞任。
	アメリカ、ニューヨーク世界貿易センター及び国防総省でテロ攻撃（9.11テロ）。
10月	ダンカン·スミス保守党首就任。
	アフガニスタンに対する戦争宣言。
11月	スコットランド首相、マクリースからマッコネルへ。
2002年	
1月	ユーロ紙幣・硬貨、EU圏で（イギリスなどを除く）12ヵ国で流通開始。
	ブッシュ米大統領がイラン、イラク、北朝鮮を「悪の枢軸」宣言
2月	ジスカール·デスタン仏大統領、ブラッセルでヨーロッパの将来に関する会議開催。
3月	エリザベス皇太后死去。
9月	ブッシュ、国連総会でイラクに対する制裁措置要請。
	ブレア、「イラクは45分以内に大量殺戮兵器の使用が可能」と述べる。
10月	モスクワの劇場占拠事件でロシア軍が掃討作戦、127人死亡。
	欧州議会、EU憲法草案を発表。
11月	国連安全保障会議、イラクの武器査察を行う国連決議1441号採択。
12月	イラク、大量殺戮兵器保有を否定する12000ページ文書を発表。
	コペンハーゲンで欧州委員会。
2003年	
2月	ブレア、イラクの大量殺戮兵器に関する第2次報告書提出。
	パウエル米国務長官、イラクが国連決議の「重大な違反」状況にあると述べる。
	ロンドンでイラク進攻反対の100万人デモ。
	イギリス・アメリカ・スペインが国連安保理にイラクに対する国連決議提出。
3月	イギリス、イラクが3月17日までに国連決議に応じることを求める新決議案提出。
	イギリス・アメリカ・スペインが国連にイラク進攻の支持を求める。
	R.クック外相辞任
	庶民院、イラクに対する軍事制裁を412対149で承認。
	バグダット爆撃開始。
4月	イギリス軍、イラク南東の港湾都市バスラ侵入、バグダットでフセイン大統領像倒壊。
5月	ショート国際開発相、ブレアのイラク政策を批判し辞任。
	BBCのギリガン記者が、ラジオ番組「TODAY」で、02年9月のイラクの大量殺戮兵器に関する報告書で政府が「脚色した」情報を得たと述べる。
6月	国防省顧問ケリー博士、庶民院諜報安全委員会で証言。
	ケリー博士、オックスフォードシャーで遺体発見。
	ブレア、ケリー博士の死に関してハットン調査委員会の立ち上げ発表。
7月	フセイン元大統領の2人の息子を、北部イラクでアメリカ軍が射殺。
8月	ブレア、ハットン調査委員会で証言。
10月	規範委員会、保守党ダンカン・スミス党首事務所の支出調査。

5月	ブラウン蔵相、公定歩合の決定権を英国銀行金融政策委員会に移行を発表。
6月	アムステルダムでEUサミット。 保守党メージャー党首、ヘイグ党首に就任。 香港を中国へ返還。
7月	労働党政権、最初の予算案で教育に10億ポンド。 99年の欧州議会選挙、比例代表制による実施を約束。
8月	ダイアナ元皇太子妃、パリで交通事故死。
9月	スコットランド議会創設に関する国民投票、賛成74.3%。 ウエールズ議会創設に関する国民投票、賛成50.3%。
10月	ブラウン蔵相、ユーロには経済状況が良くならない限り未加入と表明。
12月	一人親育児給付に47人の労働党議員が反対。
1998年	
1月	イギリスがEU議長国。
3月	狩猟を禁じる法案審議時間未了で廃案。
4月	イギリスとアイルランド共和国政府、北アイルランドを巡る休戦協定「グッド・フライディ協定」に調印。
5月	ロンドン市長の直接選挙に関する国民投票、賛成72%。 「グッド・フライディ協定」の国民投票、北アイルランドで賛成71%、アイルランド共和国で賛成94%。
10月	ブレア首相、保守党の元副首相ヘーゼルタイン、元蔵相クラークと「ヨーロッパのイギリス」キャンペーン立ち上げ。
11月	アムステルダム条約（EUの基本条約の改正）を批准。
1999年	
1月	EU(加盟15ヵ国のうち)11ヵ国で共通通貨ユーロ導入。イギリスは導入せず、ポンド維持。欧州議会選挙法、イギリス議会通過。
3月	最低課税率10%、2000年4月からは基本税率22%へ削減を発表。 コソボ紛争、NATO軍がセルビアに空爆開始。
5月	スコットランドならびにウエールズ議会選挙、過半数獲得の政党なし。 スコットランド議会、労働党と自由民主党連立政権成立。労働党のデュワーが首相就任。
6月	ウエールズ議会、労働党少数単独政権。 欧州議会選挙、投票率24%、保守党36議席、労働党29議、自由民主党10議席、英国独立党3議席、緑の党2議席　スコットランド国民党3議席、ウエールズ国民党2議席。 イギリス軍、コソボ侵攻。
8月	EU、イギリス牛肉の輸出を解禁（狂牛病問題）、フランスとドイツは輸入禁止継続。 自由民主党首、アシュダウンからケネディ（Kennedy,Charles）へ。
10月	世襲の貴族院議員を廃止（1代貴族院議員92名は存続）。
12月	スコットランド議会、政府の授業料導入政策に反対。
2000年	
1月	ロンドン特別区にミレニアム・ドーム開館（年末閉館、現在は複合施設“The O2”）。
2月	ウェールズ第1首相マイケル辞任、モーガン就任。 北アイルランド行政府停止、イギリスの直接統治回復。
5月	リビングストン（Ken Livingstone／労働党左派出身）、ロンドン市長に当選。
10月	1998年人権法成立、ヨーロッパ人権憲章を国内法化。
11月	情報自由法制定、ホモセクシャル同意年齢16歳に。
12月	EU、ニースサミット。

11月	保守党首選第1回投票。サッチャー 204 票、ヘーゼルタイン 152 票。サッチャー 15%以上の過半数に 4 票不足。サッチャー辞任発表。
	保守党首選挙第 2 回投票。メージャー 185 票、15%以上の過半数に 2 票不足。他の候補者が再立候補を取りやめ、メージャーが党首と首相に就任。
1991 年	
1 月	湾岸戦争勃発（3 月停戦）。
4 月	国民保健サービス改革。
12月	ヨーロッパ共同体（EC）加盟国首脳、マーストリヒトで会議。経済、金融、政治統合条約案策定。イギリスの社会憲章からの離脱を承認。
1992 年	
1 月	ヨーロッパ単一市場開始、イギリス不参加。
4 月	総選挙で保守党(党首メージャー)勝利。労働党キノック党首辞任。
7 月	スミス労働党首に選出、ベケット副党首。
9 月	欧州為替交換メカニズム（ERM）を脱退。
10月	31 の炭鉱閉鎖を公表、しかし反対に直面し計画修正。
1993 年	
5 月	自由民主党、ニューバリー補欠選挙で保守党の議席を奪う。
7 月	議会でマーストリヒト法案が否決。
	メージャー、政府の信任投票を実施し、その結果、信任を確保（339 対 299)。
	自由民主党、クライストチャーチ補欠選挙で保守党の議席を奪う。
8 月	マーストリヒト条約批准。
11月	メージャー、保守党大会で「基本への回帰」演説。伝統回帰を強調。
	EU（欧州連合）発足。
12月	メージャーとアイルランド首相Ａ．レイノルズ「ダウニング・ストリート宣言」調印。北アイルランド和平のイニシアチブ。
1994 年	
5 月	スミス労働党首死去（55 歳）。
6 月	欧州議会選挙、労働党 62 議席、保守党 18 議席、自由民主党 2 議席。
	5 つの補欠選挙の結果、労働党から 4 議席、保守党から 1 議席が自由民主党へ。
7 月	ブレア労働党首に選出、プレスコット副党首。
	メージャー、北アイルランド交渉にシン・フェーン党を加える声明。IR Aが平和交渉のため停戦発表。
10月	ブレア、党大会で政党綱領の現代化を発表。政党綱領第 4 条項の修正ないし廃棄を示唆。
11月	メージャー政権、保守党議員と地方の反対で英国郵便の民営化延期。
	ヨーロッパ共同体（金融）法案で 8 人の保守党議員が棄権。
	メージャー政権、政権維持で北アイルランド・ユニオニスト政党の支持を確保。
12月	ガスと電気の付加価値税を 17.5%にする予算案否決。15 人の保守党議員が政府案に反対。
1995 年	
6 月	メージャー、党内反対派牽制のために保守党首を辞任。
7 月	メージャー、保守党首選で再選。
1996 年	
3 月	EU、イギリス産牛肉の全面輸出禁止（狂牛病問題)。
7 月	チャールズ皇太子とダイアナ妃の離婚発表。
1997 年	
5 月	総選挙で労働党勝利。ブレア首相に就任。

7月	社民党ジェンキンス、党首選でオーエンに勝利。
1983年	
6月	総選挙、保守党(党首サッチャー)勝利、労働党敗北(党首フート)。
	フート、秋の労働党大会で労働党首辞任を発表。
	社民党ジェンキンス、党首辞任。オーエン、社民党首に選出。
10月	キノック、労働党首に選出。ハタースリー副党首に選出。
1984年	
3月	全国石炭局、南ヨークシャーのコートンウッド炭鉱閉鎖。1年間にわたる鉱山労働者ストライキが開始。
4月	通信法施行、英国通信会社の民営化。
10月	アイルランド赤軍、ブライトンのグランド・ホテルを爆破。
11月	英国通信会社売却8兆ポンド収入、100万人の市民が株を購入。
1985年	
3月	鉱山労働者職場復帰、ストライキ継続
5月	ピム、サッチャーリズム批判、保守党に中道集団「一つの国民」を創設。
7月	地方自治法施行、大ロンドン市(GLC)と6つの大都市行政区を廃止。
9月	バーミンガム、ハンズワース地区で暴動。
10月	家宅捜索中の黒人女性の死を契機に、ロンドンのトッテナム地区で暴動。
	運輸法施行、全国バス会社民営化。
11月	サッチャーとアイルランド首相フィッツジェラルド、英蘭協定に調印。
1986年	
2月	サッチャー単一欧州法に調印。
4月	大ロンドン市と6つの行政区廃止。
	日曜日の営業を認める商店法案、68人の保守党議員が反対して廃案。
12月	英国ガス民営化。
1987年	
1月	英国航空民営化(1月)。所得税2%減税(3月)。
6月	総選挙、保守党(党首サッチャー)勝利。労働党敗北(党首キノック)。
	自由党スティール党首、社民党と民主的な統合を要請。
8月	社民党オーエン、党首辞任。
1988年	
3月	自由党、社民党が合同、社会自由民主党(Social Liberal Democrats)結成。
7月	社会自由民主党首に、アシュダウン(Ashdown,Paddy/元自由党)。
	保健社会保障省分割。
1989年	
4月	サッチャー政権、人頭税をスコットランドで先行導入。
5月	社民党、政治活動停止を決定。
	労働党『挑戦し変化をもたらそう』の政策レビューを公表。
6月	欧州議会選挙で、労働党、保守党から13議席を獲得、緑の党が15%の得票で議席0。
10月	社会自由民主党が、自由民主党(Liberal Democrats)に改名。
12月	保守党首選挙、サッチャー勝利。無効票、棄権した保守党議員60人。
1990年	
4月	イングランドとウエールズで人頭税導入。
6月	社民党、オーエンによって解党。
	フランス、(西)ドイツなど5ヵ国、国境検問の廃止を決定(シェンゲン協定)。英国は不参加。
10月	欧州為替交換メカニズム(ERM)に加入。
11月	ハウ卿、サッチャーのヨーロッパ政策を批判、副首相を辞任。

7月	スティール、自由党首に選出。
9月	失業者150万超。
	キャラハン首相、失業と不況は政府支出の拡大で解決しないと声明。
	国際通貨基金に23億ポンドの借款を要請、IMF政府歳出削減を要求。
11月	労働党、2つの補欠選挙で負けて過半数割れ。
1977年	
3月	航空機製造並びに造船法施行、両産業の国有化。
	労働党、過半数の確保のため自由党と協定。
7月	ヒーリー蔵相、3年連続で賃金政策継続を表明。賃上げは10%に設定。
10月	労働党閣僚プレンティス（Prentice,Reg）、「労働党はイギリスをマルクス主義の道に陥らせる」と批判し離党、保守党へ入党。
1978年	
1月	サッチャー保守党党首「イギリスは移民者に攻め込まれる」と発言。
7月	4年連続の所得政策が発表、賃上げ5%に。労働組合、賃上げ抑制に反対、組合が自由に集団交渉を行うことを要求。
1979年	
1月	大型トラック運転手25%の賃上げを求めストライキ。
	公共企業労働者24時間ストライキ、賃金政策に反対し6週間ストライキ。
3月	スコットランド分権に関する国民投票、賛成が勝利し、分権条件の40%を未達成。ウエールズでは否決。
	キャラハン労働党、政府不信任投票で敗北（311対310）、議会解散。
5月	総選挙、労働党敗北。保守党勝利、サッチャー政権誕生。
6月	ハウ蔵相、予算で所得税3%カット。付加価値税15%、公共支出40億ポンド削減。
11月	欧州委員会委員長ジェンキンス（労働党出身）、「イデオロギーの極化に向かうイギリス政治に抗して、急進的中道への政党再編」を要請、中道政党の形成が急務との認識拡大。
1980年	
5月	航空機法施行、航空機産業民営化。
8月	雇用法施行、クローズド・ショップ制と第2次ピケ規制。
	住宅法施行、公営住宅の居住者に住宅の購買権を認める。
10月	キャラハン、労働党党首を辞任。
11月	フート、ヒーリーを破って労働党首に。
1981年	
1月	失業者225万人超。
2月	労働党、党首・副党首選出に労働組合40%、労働党議員30%、選挙区労働党30%を割り当て。
3月	労働党離党のオーウェン、ウィリアムズ、ロジャーズ、ジェンキンズが社会民主党（社民党）結成。
4月	ブリクストンで若者暴動。
5月	リビングストン、地方選挙で大ロンドン市（GLC）長就任。
6月	社民党と自由党が選挙のための「連合」を立ち上げ。
7月	リバプールとマンチェスターで暴動。
	チャールズ皇太子とダイアナ・スペンサーが結婚。
12月	スカーギル、全国鉱山労働者組合代表に選出。
1982年	
4月	アルゼンチン、フォークランド諸島に侵攻。
	キャリントン外相辞任。イギリス海軍フォークランド諸島に進撃。
6月	イギリス軍、フォークランド諸島の首都ポート・スタンレイ奪還。

6月	公行政に関するフルトン報告。
10月	運輸法施行、陸上輸送国有化。
1969年	
2月	白書『対立の場』発表、ドノバン報告を受け労使関係改革立法を求める。
4月	選挙年齢18歳に。
6月	ウィルソン首相、労働組合・労働党議員・閣僚の反対で『対立の場』を放棄。
8月	北アイルランドで、カソリック教徒の市民権要求にカソリック教徒とプロテスタント教徒の対立エスカレート。秩序回復と差別撤廃を理由にイギリス軍派遣。
10月	離婚法施行。
1970年	
5月	平等賃金法施行。
6月	総選挙、労働党(党首ウィルソン)敗北。保守党勝利、政権復帰(首相ヒース)。
12月	労使関係法案公表、労使関係法案に反対し25万人ストライキ。
1971年	
2月	ヒース保守党政権、ロールスロイスを国有化。
3月	労使関係法に反対し150万人以上ストライキ。
8月	労使関係法施行。
1972年	
1月	賃金を巡って、全国鉱山労働者組合ストライキ開始。 北アイルランド、デリーで「血の日曜日」事件、13人死亡。
2月	鉱山労働者ピケ、西ミッドランドスタンレィー・コーク・デポット炭鉱閉鎖。 賃上げで鉱山労働者職場復帰。
3月	北アイルランド議会閉鎖、北アイルランド省によるイギリスの直接統治。
7月	労使関係法で収監された5人の港湾労働者釈放に司法長官が介入。 労働組合会議1日のゼネスト。
10月	欧州経済共同体(EEC)法施行。イギリスの欧州経済共同体加入を批准。
11月	ヒース政権、90日間の賃金物価凍結。
1973年	
1月	イギリス、欧州経済共同体(EEC)に加入(欧州共同体[EC]加盟)。
2月	労働党と労働組合会議、「社会契約」を発足。
4月	ヒース政権、賃金凍結の新賃金物価政策発表。
11月	鉱山労働者、賃上げ率上乗せ要求で超過時間勤務禁止を開始。
1974年	
2月	全国鉱山労働者組合ゼネストを公表。 総選挙、労働党301議席。保守党297議席。
3月	ヒース保守党、自由党との連立政権交渉に失敗。ウィルソン労働党少数単独内閣発足。 鉱山労働者ストライキ回避。
5月	北アイルランド労働者評議会、共同統治に反対しストライキ。 北アイルランド共同統治解消、北アイルランド労働評議会スト回避。
10月	総選挙、ウィルソン労働党過半数を上回って政権維持。
1975年	
2月	サッチャー、保守党首に選出。
6月	欧州経済共同体(EEC)加入継続可否の国民投票、2対1の圧倒的多数で継続賛成。
7月	政府と労働組合会議、自発的賃金政策を公表、失業者100万人を超える。
1976年	
3月	ウィルソン、労働党首と首相を辞任。
4月	キャラハン労働党首に選出、首相就任。
5月	政府、労働組合会議との交渉で12か月の賃金抑制を確保、賃上げ4%。

11月	イギリス軍エジプトに上陸、その後停戦受諾。
12月	イギリス軍エジプト撤退。
1957年	
1月	イーデン首相辞任、マクミラン首相就任。
3月	欧州経済共同体（EEC）発足　英未加入
6月	マクミラン「こんなに良かった時はかつてなかった」演説。
8月	「物価、生産性、所得」評議会を創設
1958年	
4月	一代貴族法施行、非世襲貴族導入、貴族院への女性議員容認。
1959年	
10月	総選挙、保守党勝利（党首マクミラン）。 ゲイツケル労働党党首、党綱領第4条（産業の国有化）を放棄すべきと主張。
1960年	
2月	マクミラン首相、南アフリカケープタウンで「変化の風」演説。
7月	労働党全国幹部会、党綱領第4条項維持を決定。
10月	労働党大会、核廃絶を党首に求める動議を決定。
1961年	
7月	ロイズ財務相、インフレ対策として「賃金凍結」を発表
8月	イギリスの欧州経済共同体(EEC）へ加入申請、フランス大統領ドゴールが反対。
10月	労働党大会、ゲイツケル党首、核廃絶を求める政策の撤回に成功。
1962年	
2月	全国経済発展評議会(NEDC＝政府､使用者､労働組合で経済政策と計画決定するフォーラム）の創設、政・労・使による三頭政治。
3月	「賃金凍結」終了　賃上げ2.5%を指針とする政策に転換。
7月	国家所得委員会の創設を公表。
1963年	
	ゲイツケル死去（1月)。ウィルソン労働党党首誕生（2月)。ヒューム首相（10月)。
1964年	
10月	総選挙､保守党（党首ヒューム）敗北､労働党勝利､政権に復帰（ウィルソン第1次政権)。
1965年	
2月	「労働組合改革と使用者連合に関する王立委員会」（ドノバン委員会）設置。 物価所得局創設。
7月	中等教育改革計画（総合制学校の導入）を発表。 ヒューム保守党首を辞任、ヒース党首に就任。
11月	死刑廃止。
1966年	
3月	総選挙、労働党（党首ウィルソン）勝利。
1967年	
2月	3つの極右勢力が合同、国民戦線（NF）発足。
3月	鉄鋼法施行、鉄鋼業国有化。
5月	2度目の欧州経済共同体(EEC）加入申請。
10月	中絶法施行。
11月	ポンド、2.80ドルから2.40ドルに下落。 イギリスの欧州経済共同体(EEC）へ加入申請、フランス大統領ドゴールが反対。
1968年	
4月	保守党ポーエル「血の河」演説、影の内閣辞任。
6月	ドノバン報告、産業界に公式と非公式の「2層の」労使関係の存在を指摘。 非公式組織が不当なストライキを支えると指摘。

◎イギリス戦後政治史略年表

1945年	
5月	ヨーロッパで第2次大戦終了（8日ドイツ降伏、ヨーロッパ戦勝記念日）。
7月	総選挙で保守党（党首チャーチル）敗北、労働党勝利。アトリー首相就任。
8月	日本降伏、第2次大戦終了。
1946年	
	英国銀行国有化（3月）、石炭国有化（7月）、国民保険法施行（8月）。
	国民保健サービス法、有線・無線法施行（11月）。
1947年	
1月	国家石炭局発足、有線・無線国有化。
5月	保守党産業憲章発表 労働者の権利、混合経済、産業協同、労働組合容認。
6月	マーシャル演説（マーシャル・プラン提示）。
11月	エリザベス王女、ギリシャ及びデンマーク王家のフィリップ王子と結婚。
1948年	
	鉄道国有化（1月）、電力国有化（4月）、運輸国有化（5月）。
	国民保健サービス（NHS）発足（6月）、ガス国有化（7月）。
1949年	
4月	北大西洋条約機構（NATO）調印、発足。
9月	ポンド下落、1ポンド4.03ドルから2.80ドルへ。
11月	鉄鋼国有化（次の選挙まで延期）。
12月	議会法施行（貴族院：法律施行の延期期間を2年から1年へ）
1950年	
2月	総選挙、労働党勝利（アトリー政権継続）。
1951年	
2月	鉄鋼業国有化。
3月	欧州石炭鉄鋼共同体（ECSC）発足、イギリス未加入。
4月	H. ゲイツケル蔵相、義歯と眼鏡を有料化する予算を提出。 ベヴァン保健相、義歯と眼鏡の有料化に抗議して辞任。 ウィルソン商務次官、防衛支出の規模に抗議して辞任。
10月	総選挙、保守党勝利（チャーチル第2次政権誕生）。
1952年	
2月	国王ジョージ6世死去、エリザベス2世が王位を継承。
1953年	
5月	運輸法施行、道路輸送民営化、鉄鋼法施行、鉄鋼業民営化。
1954年	
2月	「エコノミスト」誌、保守党が労働党の混合経済と社会福祉計画を踏襲したことを、ゲイツケル蔵相（労働党）とバトラー蔵相（保守党）の名から「バッケリズム」と命名。
1955年	
4月	チャーチル首相辞任、イーデン首相誕生。
5月	総選挙、保守党勝利。
12月	アトリー労働党首辞任、ゲイツケル労働党首就任。
1956年	
3月	白書『完全雇用の経済的意義』発表。
6月	イギリス軍スエズから撤退、マクミラン蔵相国防支出削減を発表。
7月	ナセルエジプト大統領、スエズ運河の国有化宣言。

◎戦後歴代のイギリス首相

就任年月	首相名	所属政党・政権党
1945年7月	**C.アトリー**	**労働党**
1951年10月	W.チャーチル	保守党
1955年4月	A.イーデン	保守党
1957年1月	H.マクミラン	保守党
1963年10月	A.D.ヒューム	保守党
1964年10月	**H.ウィルソン**	**労働党**
1970年6月	E.ヒース	保守党
1974年3月	**H.ウィルソン**	**労働党**
1976年4月	**J.キャラハン**	**労働党**
1979年5月	M.サッチャー	保守党
1990年11月	J.メージャー	保守党
1997年5月	**T.ブレア**	**労働党**
2007年6月	**G.ブラウン**	**労働党**
2010年5月	D.キャメロン	保守党 (自由民主党との連立※)
2015年5月	D.キャメロン	保守党

※ 戦後イギリス政治で、初の連立政権。

アトリー (Attlee, C.)

ウィルソン (Wilson, H.)

キャラハン (Callaghan, J.)

ブレア (Blair, T.)

ブラウン (Brown, G.)

著者紹介

谷藤 悦史

（たにふじ・えつし）


1950年北海道生まれ。早稲田大学大学院政治経済学研究科博士後期課程修了、早稲田大学政治経済学部助教授、イギリス・エセックス大学政治学部客員教授、アイルランド・ダブリン大学ヨーロッパ経済公共問題研究所客員研究員などを経て、現在、早稲田大学政治経済学術院教授。

専攻 政治学・政治コミュニケーション・イギリス現代政治。

著書［共著］『誰が政治家になるのか』（早稲田大学出版部）、『リーディングス 政治コミュニケーション』（一藝社）、［単著］『現代メディアと政治━劇場社会のジャーナリズムと政治』（一藝社）ほか。

赤《あか》いバラは散《ち》らない　——英国労働党《えいこくろうどうとう》の興亡《こうぼう》——

2016年7月15日　　初版第1刷発行

著　者　　谷藤　悦史

発行者　　菊池　公男

発行所　　株式会社 一 藝 社
〒160-0014 東京都新宿区内藤町1－6
TEL 03-5312-8890
FAX 03-5312-8895
振替　東京 00180-5-350802
E-mail : info@ichigeisha.co.jp
HP : http://www.ichigeisha.co.jp

印刷・製本　　シナノ書籍印刷株式会社

ISBN 978-4-86359-113-4 C1031